Ortografía
escolar
de la lengua
española

Ortografía *escolar* de la lengua española

REAL ACADEMIA ESPAÑOLA

ASOCIACIÓN DE ACADEMIAS
DE LA LENGUA ESPAÑOLA

Obra editada en colaboración con Espasa Libros, S. L. U. – España

© 2013, Real Academia Española
© 2013, Asociación de Academias de la Lengua Española
© 2013, Espasa Libros, S. L. U. – Barcelona, España

Académico responsable: Salvador Gutiérrez Ordóñez
Redacción: Marina Maquieira y Juan Carlos López Nieto
Revisión: Departamento de «Español al día» de la Real Academia Española

Diseño de interior y de portada: Sánchez / Lacasta

© 2013, Editorial Planeta Mexicana, S.A. de C.V.
Bajo el sello editorial ESPASA M.R.
Avenida Presidente Masarik núm. 111, 2o. piso
Colonia Chapultepec Morales
C.P. 11570, México, D.F.
www.editorialplaneta.com.mx

Primera edición impresa en España: 2013
ISBN: 978-84-670-3946-7

Primera edición impresa en México: octubre de 2013
ISBN: 978-607-07-1840-3

Impreso en los talleres de Litográfica Ingramex, S.A. de C.V.
Centeno núm. 162, colonia Granjas Esmeralda, México, D.F.
Impreso en México - *Printed in Mexico*

Índice

Presentación

Tras la aparición del lenguaje hablado, que consolidó la identidad del ser humano como especie y fijó su supremacía en la naturaleza, el hallazgo de la escritura representa el acontecimiento de mayor relevancia en el devenir de la cultura. Nebrija expresaba esta idea con hermosas palabras:

> *Entre todas las cosas que por experiencia los ombres hallaron o por reuelación diuina les fueron demonstradas para polir y adornar la vida humana, ninguna otra fue tan necessaria, ni que maiores prouechos nos acarreasse, que la inuención de las letras.*

La escritura representa sobre soporte estable los mitos, las leyendas, las creencias y los ritos, las leyes, la literatura, los acontecimientos políticos y bélicos... Es el hito que marca el límite entre la prehistoria y la historia.

De la importancia otorgada por los pueblos a la escritura nace el interés por su corrección. La ortografía es definida por los griegos como «el arte de escribir correctamente». Fija las letras y las normas de su correspondencia con los sonidos, las reglas de puntuación y acentuación, el uso de mayúsculas y minúsculas, los diferentes géneros de abreviaciones.

La ortografía posee una enorme importancia para la lengua. La adopción de normas comunes garantiza un sentimiento de cohesión que no se percibe en el léxico, en la pronunciación ni en la gramática. Este factor es de mayor relevancia en lenguas con un elevado número de hablantes y de gran extensión geográfica como el español.

La ortografía posee gran trascendencia en la formación personal. Su aprendizaje se inicia en los estadios más básicos y se prolonga toda la vida. De la misma forma que recompensa con prestigio a sus buenos poetas, narradores y dramaturgos, la sociedad de todas las épocas ha premiado a quienes escriben con pulcritud y corrección. Por el contrario, esta misma sociedad es la que sanciona las faltas que transgreden tal bien común.

La Real Academia Española (RAE) y la Asociación de Academias de la Lengua Española (ASALE), con criterios científicos e inspiración panhispánica, proyectaron, elaboraron y aprobaron la *Ortografía de la lengua española* (2010). Siguiendo la tradición de las obras académicas, se publicó en 2012 una síntesis, la *Ortografía básica de la lengua española,* que se atenía a lo esencial. Dentro de su sencillez, la *Ortografía básica* recogía toda la información normativa para que quienes se acercaran a ella pudieran encontrar respuesta explícita a todos los problemas.

Hoy la RAE y ASALE ofrecen una síntesis selectiva pensada para la enseñanza, la *Ortografía escolar de la lengua española*. No busca exhaustividad, sino que realiza una selección por importancia de las normas. Adecua extensión y profundidad a la importancia de las reglas en estos estadios de la formación. Se esfuerza en presentar de forma destacada y clara los conceptos básicos para comprender las normas. Se ha procurado que la redacción sea transparente, ordenada, directa, ejemplificada. Se utilizan recursos tipográficos que establecen visualmente jerarquía y estructuran la página. Se acude a representaciones gráficas variadas con el fin de ayudar a la comprensión, memorización y recuerdo de las normas.

Aun hallándose orientada hacia el mundo estudiantil, esta *Ortografía escolar de la lengua española* no incorpora ejercicios, tan indispensables en el proceso de aprendizaje como ligados a la actividad diaria y al necesario arbitrio del profesor. Al igual que el dominio de otros procesos de la vida diaria, como jugar al baloncesto o al tenis, tocar la guitarra, conducir un coche o leer, el dominio de la corrección ortográfica es una destreza cognitiva compleja que es necesario automatizar. En este camino es importante el conocimiento de las reglas, de las normas orientadoras, de las estrategias e incluso de los trucos; pero, como en la conquista de una ciudadela, es esencial el abordaje desde múltiples puntos y con un amplio número de recursos. Con ser muy importante, para escribir con corrección ortográfica, la lectura asidua no basta. Lectura y escritura ocupan nichos diferentes en el cerebro y su interconexión no siempre es perfecta. El dictado es una prueba de comprobación útil cuando es seguida de reflexión y análisis. La asociación gráfica de una voz a los miembros de su familia léxica o gramatical estimula las conexiones en la mente. La variedad, la imaginación, la novedad y la amenidad en los ejercicios evitan uno de los mayores peligros que acechan la continuidad y el progreso: el tedio y el desencanto. Dentro de este marco imaginativo se han de buscar variaciones a uno de los procesos más eficaces en la forja de la memoria visual, la repetición. La consulta al oráculo del diccionario es indispensable.

La *Ortografía escolar de la lengua española* sale a la luz con la voluntad de convertirse en un recurso accesible, claro, amable y útil especialmente para quienes se hallan en el período escolar. También para quienes necesiten este recurso básico a lo largo de la vida.

El uso de las letras

1

Conceptos básicos

Los fonemas

Los fonemas son los sonidos que poseen valor distintivo en la lengua hablada. Permiten diferenciar unas palabras de otras: **p**ata/**b**ata/**k**ata/**g**ata/**l**ata/**m**ata/**n**ata/**r**ata. Se representan entre barras oblicuas: /p/, /b/ (/pata/ ~ /bata/). Los fonemas se dividen en vocales y consonantes.

Las vocales

Las vocales pueden formar sílabas por sí solas: en *a-é-re-o* hay cuatro sílabas. Los fonemas vocálicos del español son cinco: /a, e, i, o, u/.

Las consonantes

Las consonantes necesitan de una vocal para formar sílaba: *pe-ta-ka*. Los fonemas consonánticos del español hablado en el centro y norte de España son diecinueve: /b/, /ch/, /d/, /f/, /g/, /j/, /k/, /l/, /ll/, /m/, /n/, /ñ/, /p/, /r/, /rr/, /s/, /t/, /y/, /z/. Frente a este sistema, el español de América, Canarias y la mayor parte de Andalucía suprime dos de sus oposiciones: /s/ ~ /z/ (*casa / caza*), que resuelve en el fonema /s/ (o en /z/); /y/ ~ /ll/ (*haya/halla*), resuelta en /y/. Este proceso conduce a la pérdida en esas zonas de un fonema de cada oposición. Son los fenómenos del **seseo** (/kása/ < *casa* y *caza*), el **ceceo** (/káza/ < *casa* y *caza*) y el **yeísmo** (/áya/ < *haya* y *halla*), respectivamente.

Las letras

Las letras son los signos gráficos mínimos con que representamos los fonemas.

Los dígrafos

Los dígrafos son conjuntos de dos letras que representan un solo fonema. El español tiene cinco dígrafos: *ch, ll, gu, qu, rr.*

El abecedario español

El **alfabeto** o **abecedario español** está formado por las veintisiete letras:

a, A	b, B	c, C	d, D	e, E	f, F	g, G	h, H	i, I
a	be	ce	de	e	efe	ge	hache	i
j, J	k, K	l, L	m, M	n, N	ñ, Ñ	o, O	p, P	q, Q
jota	ka	ele	eme	ene	eñe	o	pe	cu
r, R	s, S	t, T	u, U	v, V	w, W	x, X	y, Y	z, Z
erre	ese	te	u	uve	uve doble	equis	ye	zeta

> Los signos *ch* y *ll*, con los nombres respectivos de *che* y *elle*, ya no forman parte del abecedario por no ser propiamente letras, sino dígrafos.

El ideal sería que cada fonema estuviera representado por una sola letra y que cada letra representara un solo fonema. No ocurre así en español, lengua en la que existe un desajuste entre sus veinticuatro fonemas y sus veintisiete letras y cinco dígrafos.

La representación gráfica de los fonemas

Los **fonemas vocálicos** y las **letras** con las que se escriben son:

Fonema	Letra	Ejemplos
/a/	a	aya, andar, calma, hada, ah
/e/	e	elefante, ente, estar, helado, rueca, ese, eh
/i/	i	isla, hielo, aire, tierno, ti, allí
	y	rey, convoy, muy
/o/	o	ofrecer, hola, ahora, mentor, niño, oh
/u/	u	uso, huele, tabú, cigüeña, ahuyentar, uh
	w	waterpolo, darwinismo

Hay, por tanto, en español:

- Fonemas vocálicos que se representan con **una sola letra**: /a/, /e/, /o/.
- Fonemas vocálicos que se representan con **más de una letra**: /i/, /u/.

EL FONEMA /i/

El fonema /i/ se escribe con la **letra *i*,** excepto cuando las normas prescriben o admiten el uso de **y.**

El fonema /i/ se representa con la **letra *y*** en los siguientes casos:

- En la **conjunción copulativa *y*:** *coser y cantar; madera y hierro.*
- En las palabras terminadas en diptongo o triptongo con /i/ átona final (→ pág. 30): *ay* [ái], *jersey* [jerséi], *Uruguay* [uruguái]. Se exceptúan palabras de otras lenguas que se escriben con *-i: Hawái, Hanói, saharaui.*

En español, el fonema /i/ a final de palabra precedido de consonante debe escribirse siempre con *i* (incluso en nombres de pila familiares): *curri, dandi, Pili, Mari.*

EL FONEMA /u/

El fonema /u/ se representa con las **letras *u*** (a veces, con diéresis: *ü*) o **w.**

- La **grafía habitual** para representar el fonema /u/ en español, en cualquier posición, es la **u:** *untar, causa, cuerda, tribu, tú.*
- Entre la **g** y las letras **e, i** se escribe *ü* cuando /u/ tiene sonido propio: *cigüeña, pingüino*, frente a *juguete, águila*, donde la **u** no suena.
- La **letra *w*** puede representar también el fonema /u/ en palabras procedentes o introducidas a través del inglés: *taekwondo* [taekuóndo].

Representación gráfica de los fonemas consonánticos

Hay consonantes cuya escritura no plantea problemas:

Fonema	Letra / dígrafo	Ejemplos
/ch/	ch	*chal, bache, ancho, crómlech*
/d/	d	*dátil, cadera, cuadro, admitir, ciudad*
/f/	f	*fábrica, fiel, café, flema, frotar, nafta, golf*
/l/	l	*lima, cola, plata, alba, candil*
/ll/	ll	*llamar, fallo*
/m/	m	*mesa, cama, ambos, álbum*
/n/	n	*nácar, enemigo, hendidura, son*
/ñ/	ñ	*ñoño, caña*

Fonema	Letra / dígrafo		Ejemplos
/p/	p		paquete, plenitud, preso, recepción, clip
/r/	r	-r-	cura, pereza, lirio, mero, Perú
		r precedida de consonante, con la que forma sílaba	broma, cromo, dromedario, frente, grata, prisa, traje, cabra, capricho, cuadro, dentro, cofre, peregrino, pulcro
		-r final de sílaba o palabra	carga, parco, amor, deber
/t/	t		tenue, títere, atlas, tétrica, ritmo, mamut

En otras ocasiones, un mismo fonema consonántico puede ser representado por varias formas, lo que ocasiona problemas ortográficos.

EL FONEMA /b/

El **fonema /b/** se representa en español con las **letras b, v** y **w:**

Fonema	Letra	Ejemplos
/b/	b	barra, belleza, cabo, tibio, abducir, obvio, club
	v	vaca, veto, vino, diva, divina, calvo, subvención
	w	wagneriano, wolframio

Se escribe b	Excepciones
En las palabras en las que el fonema /b/ aparece **delante de otra consonante** o a **final de palabra**: *subterráneo, absolver, oblea, broma*; *Job, club*.	*ovni, molotov* y algunos nombres propios: *Vladimir, Kiev*
Después de la sílaba *tur*: *turbulencia, disturbio*.	
En las **palabras que empiezan por las sílabas** *bu-* (*butano*), **bur-** (*burla*), **bus-** (*buscar*).	*vudú* y sus derivados
En las **terminaciones del pretérito imperfecto (o copretérito) de indicativo de los verbos de la 1.ª conj.** y de *ir*: *amaba, bajabas, cantábamos; iba, ibas, ibais, iban*.	
En los **verbos acabados en -*bir*:** *subir* (*subía*).	*hervir, servir, vivir*
En los **verbos acabados en -*buir*:** *atribuir, contribuir*.	
En las **palabras terminadas en -*bilidad*:** *debilidad*.	*civilidad* y *movilidad*
En las **palabras terminadas en -*bunda*, -*bundo*:** *tremebunda, vagabundo*.	

Se escribe *b*	Excepciones
En las palabras formadas con: **bi-, bis-, biz-** ('dos [veces]'): *bisílaba, bisnieto, bizcocho*; **bibli(o)-** ('libro'): *bíblico, biblioteca*; **bio-, -bio** ('vida'): *biografía, microbio*; y **sub-** ('bajo o debajo de'): *subterráneo, subestima*.	
En voces formadas con **bien- o ben(e)-:** *bienvenida, bendecir, benefactor.*	
En los **verbos** *beber, caber, deber, haber, saber* y *sorber,* y sus derivados.	

Se escribe *v*	Excepciones
Detrás de *d* y *b*: *adversario, animadversión, obvio, subvención.*	prefijo *sub-* + palabra con *b-*: *subbética, subboreal*
Tras la secuencia *ol*: *absolver, olvidar, polvo.*	
En las **palabras que empiezan por *eva-, eve-, evi-* y *evo-*:** *evanescente, evento, evidente, evocar.*	*ébano* y sus derivados: *ebanista* y *ebanistería*
Detrás de la sílaba inicial *di-*: *divisa, divorcio, divulgar.*	*dibujo* y sus derivados
Detrás de las sílabas iniciales *lla-, lle-, llo-* y *llu-*: *llave, llevar, llover, lluvia.*	
En las **palabras con los prefijos *vice-, viz-* o *vi-*** ('que hace las veces de'): *vicepresidente, vizconde, virrey.*	
En los **adjetivos llanos acabados en *-ave, -avo/a, -eve, -evo/a, -ivo/a*:** *suave, octava, leve, nuevo, nociva.*	
En las **palabras que acaban en *-ívoro/a*:** *herbívoro/a.*	*víbora*
En formas con *-valencia* y *-valente*: *equivalencia, polivalente.*	
En las **formas verbales** de los verbos *andar, estar, tener* e *ir*, y sus derivados, **que contienen** el fonema /b/: *anduvo, estuviste, tuvimos, retuvo, vayamos...*	formas del imperfecto o copretérito de indicativo: *estaba, andábamos, ibais*
En los verbos *mover, valer, venir, ver, volar*, y sus familias léxicas: *movía, movimiento, valdrán, valioso, venido, vio, vuelan, voladura.*	

La *w* solo aparece en palabras de origen extranjero, principalmente alemán (*Wagner* /bágner/, *wolframio* /bolfrámio/).

Cuando la *w* va precedida o seguida de letras que representan el fonema /u/, suele pronunciarse en muchas zonas como *b*: *Kuwait* /kubáit/.

EL FONEMA /g/

El fonema /g/ se representa mediante **la letra g o el dígrafo gu:**

Fonema	Letra / dígrafo		Ejemplos
/g/	g	g + a, o, u	gato, agonía, agua
		g + ü + e, i	antigüedad, pingüino
		g + cons.	globo, grasa, amígdala
		-g	gag, zigzag
	gu	gu + e, i	guerra, erguir

Se escribe *g*	Se escribe *gu*
Ante /a/, /o/, /u/: *garza, goloso, gula.*	**Ante /e/, /i/:** *guerra, guía.* La *u* del dígrafo *gu* **no se pronuncia.**
Ante consonante: *ogro, digno.*	
A final de palabra (*gong*), normalmente en voces de otras lenguas.	
En los grupos *güe, güi,* en los que se pronuncia la *u: vergüenza, argüir*	

EL FONEMA /j/

El fonema /j/ se representa con **las letras j, g** y, ocasionalmente, con **x** y **h** (→ pág. 22).

Fonema	Letra	Ejemplos
/j/	j	jamón, jinete, justicia, linaje, rojo, reloj
	g + e, i	genio, gimnasia, ligero, regir
	h	hámster, dírham (→ pág. 22)
	x	México, Ximena

Como evidencia el cuadro, los problemas ortográficos surgen ante /e/, /i/.

Normas de uso de la *j*

• En **cualquier posición** (inicial, media o final) y **ante cualquier vocal:** *jabalí, jefe, jilguero, dijo, perjuicio, reloj.*

• **Ante /e/, /i/,** en los casos que se indican en el siguiente cuadro:

Se escribe j ante /e/, /i/	Excepciones
En las **palabras que empiezan por** *eje-*: *eje, ejecutante, ejemplar, ejercicio*.	algunos nombres propios: *Egeo*
En las **voces terminadas en** *-aje, -eje*: *garaje, hereje*.	*ambages*
En **nombres terminados en** *-jería*: *relojería, mensajería*.	
En **voces llanas terminadas en** *-jero/a*: *cajero, extranjera*.	*ligero/a, ultraligero/a*
En **verbos terminados en** *-jear*: *chantajean, callejeando*.	
En las **formas con fonema /j/ de los verbos cuyo infinitivo no tiene** *g* **ni** *j* (*traer, decir* y los acabados en *-ducir*): *traje, trajiste; dijo, dijera; produje, produjimos*.	

Normas de uso de la g ante /e/, /i/

- Como se señalaba más arriba, en este caso entra en competencia con *j*. De ahí las siguientes normas:

Se escribe g ante /e/, /i/	Excepciones
En las **palabras con la secuencia** *inge*: *esfinge, laringe, ingenuo, ingerir* ('comer o beber').	*injerir(se)* ('introducir' o 'entrometerse'), *injerencia*, e *injerto* y sus derivados
En las **palabras que incluyen la sílaba** *gen*: *filogénesis, general, origen, urgente*.	*ajenjo, jején, jenjibre, ojén* y formas de verbos en *-jar, -jer, -jir: tejen, crujen*
En las **palabras con la secuencia** *gest-*: *gesto, digestión*.	*majestad, vejestorio*
En las **palabras con las secuencias** *gia* (con o sin tilde), *gio*: *neuralgia, regia, analogía, trilogía, litigio*.	*bujía, canonjía, crujía, herejía, lejía*; y las terminadas en *-plejia* o *-plejía: apoplejía, paraplejia* o *paraplejía*
En las **voces que empiezan por** *gene-, geni-, geno-, genu-*: *generalizar, genio, genoma, genuino*.	
En las **palabras que empiezan por** *legi-*: *legión, legislar, legitimar*.	*lejía; lejísimos* o *lejísimo* y *lejitos* (< *lejos*)
En las **palabras formadas con**: *geo-, -geo* ('tierra'): *geografía, hipogeo*; *ger(onto)-* ('vejez', 'viejo'): *geriátrico, gerontocracia*; *giga-* ('mil millones de veces'): *gigahercios*; *gine(co)-* ('mujer'): *gineceo, ginecólogo*.	
En las **palabras que terminan en**: *-algia* ('dolor'): *cefalalgia, lumbalgia*; *-fagia* ('acción de comer o tragar'): *antropofagia*; *-gero/a* ('que lleva o produce'): *alígero, flamígera*; *-logía* y *-lógico/a*: *ecología, patológico*; *-rragia* ('flujo o derramamiento'): *hemorragia*.	

Se escribe *g* ante /e/, /i/	Excepciones
En las **palabras terminadas en** *-gésimo/a* y *-gesimal:* *vigésimo, sexagesimal.*	
En las **palabras terminadas en** *-ginoso/a:* *cartilaginoso, ferruginosa.*	
En las **formas de los verbos** cuyo infinitivo acaba **en** *-ger,* *-gir* (*coger, surgir*), salvo las formas que incluyen los sonidos [ja, jo]: *coge/cojo, surgen/surjan.*	*tejer* y *crujir*

Normas de uso de la *x*

El fonema /j/ se escribe con *x* en muy pocos casos. Son topónimos (*México, Oaxaca* o *Texas,* y sus derivados) y antropónimos (*Ximena, Ximénez* o *Mexía*) que mantienen una grafía arcaica.

México, Texas... (y sus derivados) presentan variantes gráficas con *j,* también aceptables, aunque se prefieren las primeras, propias de la zona.

EL FONEMA /k/

El fonema /k/ puede representarse con la **letra *c*,** el **dígrafo *qu*** y en ocasiones, en términos de origen extranjero, con la **letra *k*.**

Fonema	Letra / dígrafo		Ejemplos
/k/	*c*	*c* + *a, o, u*	*cama, cono, cuya, laca, poco, secuela*
		c + cons.	*clavícula, Creta, reclamar, lacra, acta, lección*
		-c	*bloc, frac*
	qu + *e, i*		*queso, quiniela, paquete, aquí*
	k		*koala, bikini, yak*

Se escribe *c*	Se escribe *qu*	Se escribe *k*
Ante /a/, /o/, /u/: *casa, poco, oculto.*	Ante los fonemas /e/, /i/: *esquema, quimera.* En estos casos, **la *u*** del dígrafo *qu* **no se pronuncia.**	En **préstamos de otras lenguas:** *anorak, bikini, euskera, karaoke, kebab, kétchup, kiwi, vodka...* Nombres propios extranjeros: *Kuwait, Kafka.*
Ante consonante: *aclamar, cráter, pacto, técnico.*		En **el nombre de la letra:** *ka.*
A final de palabra: *clic, tictac, cómic, frac.*		En **helenismos:** *eureka, koiné;* voces con ***kili-, kilo-:*** *kiliárea, kilocaloría.*
		En voces juveniles o contestatarias: *okupa, bakalao.*

> Los derivados, compuestos y formas flexivas de una palabra se escriben con c o qu según corresponda: *terco – terquedad; boca – boquiabierto.*

> Las distintas formas de representar el fonema /k/ dan lugar a menudo a la existencia de variantes gráficas igualmente válidas en los préstamos de otras lenguas: *bikini/biquini; folclore/folklore; kimono/quimono; póquer/póker...*

EL FONEMA /z/

El **fonema /z/** se representa por medio de las **letras z y c.** Solo existe en el habla de un grupo minoritario de hispanohablantes, los que distinguen la pronunciación de /z/ y /s/, ya que el *seseo* es, actualmente, mayoritario (en el *seseo,* las letras *z* y *c* representan el fonema /s/).

Fonema	Letra		Ejemplos
/z/	z	z + a, o, u	zapato, zócalo, cazurro, bizco, paz
	c	c + e, i	ceder, cintura, nacer, recibir

Se escribe z	Se escribe c
Ante /a/, /o/, /u/: *zapato, razonable, azufre.*	**Ante** /e/, /i/: *cicuta, docena.* **Excepción:** El nombre de la letra: *zeta;* algunas palabras de origen extranjero (*Ezequiel, kamikaze, nazi, Nueva Zelanda, zéjel, zeugma, zigurat...*) y algunas onomatopeyas (*zis*).
Ante consonante: *amanezca, brizna, juzgar.*	
A final de palabra: *feliz, luz.*	

> La escritura de los compuestos, derivados y formas flexivas que contienen el fonema /z/ presentará c o z según la distribución anterior: *locuaz – locuaces – locuacidad; pez – peces – pecera; rozar – roce – rocé – rozo.*

EL FONEMA /s/

En todas las áreas hispanohablantes, **el fonema /s/ se escribe con la letra** *s* y, en ocasiones, con *x.* Además, **los hablantes seseantes** pueden representarlo también **con** *c* **(ante** /e/, /i/) **y** *z.*

Fonema	Letra	Ejemplos
/s/	s	sala, suela, lesión, resto, crisis
	z (seseo)	zapato, zócalo, cazurro, bizco, paz
	c + e, i (seseo)	ceder, cintura, nacer, recibir
	x-	xerocopia, xilófono

Se escribe s	Se escribe x
En cualquier posición: saber, piso, estrella, más.	En términos que comienzan por xeno- ('extraño, extranjero'), xero- ('seco, árido') y xilo- ('madera'): xenofobia [senofóbia], xerocopia [serocópia], xilófono [silófono].

Uso de c y z en zonas de seseo

En **zonas de** *seseo*, el **fonema** /s/ puede aparecer representado **por** *c* **ante** /e/, /i/ (*cera* [séra], *cielo* [siélo]) **o por** *z* (*lazo* [láso]).

Esta confluencia de las letras *s*, *c* ante /e/, /i/ y *z* en la representación del fonema /s/ crea problemas ortográficos a los que se debe prestar atención.

• Orientaciones sobre el uso de s para hablantes que sesean o cecean

Se escriben con s	Excepciones
Las palabras que empiezan por las sílabas (h)as-, (h)es-, (h)is-, (h)os-: aspirar, hasta, estudiar, hespéride, historia, isla, oscuro, hostil.	azteca, hazmerreír, izquierdo/a y nombres propios como Azcona
Las voces que empiezan por (h)us-: usted, husmear.	Uzbekistán, uzbeco
Las voces que empiezan por des- o dis-: descoser, dispar.	dizque (Am. 'al parecer')
Las voces que empiezan con pos-: posible, posguerra.	pozo y pozol(e)
Las voces que empiezan por semi-: semidiós, semilla.	
Los voces terminadas en -asco/a, -esco/a, -osco/a: atasco, borrasca, dantesco, muesca, mosca.	
Los verbos terminados en -ascar: atascar, mascar.	
Las voces con final en -astro/a: alabastro, madrastra.	
Los verbos terminados en -ersar: conversar, dispersar.	
Los adjetivos terminados en -oso/a: afectuoso/a.	mozo/a
Las palabras terminadas en -sis: análisis, crisis.	piscis y viacrucis
Las voces con final en -sivo/a: abusivo, subversiva.	lascivo/a, nocivo/a

Se escriben con *s*	Excepciones
Las **palabras terminadas en** *-sor/a*: *confesor, emisora*.	*avizor, azor, dulzor, escozor*
Las **palabras terminadas en** *-sura*: *clausura, mesura*.	*dulzura* y *sinvergüenzura*
Desinencias verbales con /s/: *abr-isteis, cant-as* o *cant-ás*.	
El **fonema** /s/ que aparece en la raíz de algunas formas verbales que no lo incluyen en su infinitivo: *puso* (< *poner*); *quisiera* (< *querer*); *visto* (< *ver*).	
Las **voces que terminan en los siguientes sufijos:** *-ense*: *canadiense, castrense*; *-és, -esa*: *burgués, camerunesa*; *-ésimo/a*: *vigésimo, centésima*; *-ísimo/a*: *altísimo, listísima*; *-ismo*: *compañerismo, vanguardismo*; *-ista*: *coleccionista, ecologista*; *-ístico/a*: *característica, humorístico*.	*vascuence*

Terminan en *-sión* los sustantivos siguientes:

- Los **derivados de verbos terminados en** *-der, -dir, -ter, -tir* **que no conservan la** *d* **o la** *t* **del verbo base:** *comprensión* (< *comprender*), *persuasión* (< *persuadir*), *comisión* (< *cometer*), *diversión* (< *divertir*).
  Excepciones: *atención* (< *atender*), *deglución* (< *deglutir*).

- Los **derivados de verbos terminados en** *-sar* **que no contienen la sílaba** *-sa-:* *dispersión* (< *dispersar*), *progresión* (< *progresar*).

- Los **derivados de verbos terminados en** *-primir* **o** *-cluir:* *opresión* (< *oprimir*), *conclusión* (< *concluir*).

- **Orientaciones sobre el uso de** *c* **ante** /e/, /i/ **para hablantes que sesean o cecean**

Se escriben con *c* ante /e/, /i/	Excepciones
Las **voces que empiezan por** *cerc-* o *circ-*: *cerca, circuito*.	
Las **palabras terminadas en** *-ancia, -ancio, -encia, -encio*: *abundancia, cansancio, insistencia, silencio*.	*ansia, hortensia* y *Asensio*
Los **verbos acabados en** *-ceder, -cender* y *-cibir*: *conceder, encender, recibir*.	
Las **palabras terminadas en** *-cial*: *artificial, superficial*.	*controversial* y *eclesial*
Las **palabras terminadas en** *-ciencia, -cente* y *-ciente*: *paciencia, inocente, aliciente*.	*ausente, presente*

Se escriben con *c* ante /e/, /i/	Excepciones
Las **palabras terminadas en** *-cimiento: conocimiento*.	*(des)asimiento (< asir)*
Las **voces terminadas en** *-cioso/a: avaricioso, deliciosa*.	*ansioso/a, fantasioso/a*
Las **voces terminadas en** *-icia, -icie, -icio: avaricia, superficie, alimenticio*.	*artemisia* ('planta'), *fisio* y *Dionisio/a*
Las **esdrújulas terminadas en** *-ice, -cito/a: apéndice, solícita*.	
Las **palabras que empiezan por** los siguientes elementos: ***centi-*** *(centígrado, centilitro)*, ***deci-*** *(decímetro)*, ***decimo-*** *(decimocuarto)*, ***vice-*** *(vicecónsul)*.	
Las **palabras que contienen los interfijos** *-c-* o *-ec-: amorcete, pan(e)cito, flor(e)cilla, pececico, mayorcísimo*.	
Los **derivados** de palabras que terminan en *-co, -ca: circense (< circo), costarricense (< Costa Rica)*.	
Las **palabras que terminan en** los siguientes elementos: *-áceo/a: grisáceo, herbácea;* *-cida* ('que mata') o *-cidio: bactericida, homicidio;* *-cracia* ('gobierno o poder'): *democracia, teocracia*.	

• **Orientaciones sobre el uso de *z* para hablantes que sesean o cecean**

Se escriben con *z*
Las **palabras agudas** que terminan en *-triz: actriz, matriz*.
Los **adjetivos** terminados en *-az* que designan cualidades: *audaz, capaz, voraz*.
Las **palabras que terminan en** los siguientes sufijos: *-anza (confianza, ordenanza); -azgo (almirantazgo, noviazgo); -azo/a (bastonazo, balonazo, flechazo); -ez, -eza (madurez, belleza); -izar (alfabetizar, aterrizar); -izo/a (asustadizo, caliza, cobertizo); -zón (cerrazón, hinchazón).*
Las **palabras que contienen los interfijos** *-z-, -az-, -ez-* o *-iz-* antepuestos a sufijos que empiezan por *a, o, u: favorzote, ladronzuelo, herbazal, tiendezucha, barrizal*.

EL FONEMA /rr/

El **fonema /rr/** se representa en español **con la letra** *r* o el dígrafo *rr.*

Fonema	Letra / dígrafo		Ejemplos
/rr/	*r*	*r-*	*rana, reno, risa, rosa, ruso*
		r (inicio de sílaba, precedida de consonante)	*alrededor, enrarecimiento, israelí*
	rr	*-rr-* (intervocálica)	*perro, antirrobo*

Se escribe *r*	Se escribe *rr*
En **inicio** de palabra: *rata, regla, risa, romper, rueda.*	Solo en **posición intervocálica**: *parra, carretera, terrible, corro, arruga.*
Tras una **consonante de la sílaba anterior**: *al.re.de.dor, en.re.do, is.ra.e.lí.*	

En las voces prefijadas o compuestas, debe escribirse *rr* cuando el fonema /rr/ quede en posición intervocálica en la nueva palabra: *neorrealismo* [ne.o.rre.a.lís.mo], *hazmerreír* [haz.me.rre.ír].

EL FONEMA /y/

La letra *y* es la **única** que representa el fonema /y/ solo para un grupo **minoritario** de hablantes (los que distinguen en su pronunciación /y/ y /ll/). Para la **mayoría de los hablantes** del español, que son **yeístas**, el fonema /y/ se escribe unas veces con la **letra y** y otras con el **dígrafo *ll***. De ahí algunas vacilaciones en la escritura.

Fonema	Letra / dígrafo	Ejemplos
/y/	*y*	*yacer, yeso, yin, yo, yunta, rayo, ensayista*
	ll (yeísmo)	*llamar, fallo*

Se escribe *y* (con valor consonántico)	Se escribe *ll*
Tras los prefijos **ad-, des-, dis-, sub-**: *adyacente, desyemar, disyuntiva, subyugado.*	En las **palabras** que comienzan por **fa-, fo-, fu-**: *fallera, follón, fullero.*
En las **palabras** que contienen la sílaba **-yec-**: *abyecto, inyección, trayecto.*	En las **palabras** terminadas en **-illa, -illo**: *colilla, ovillo.*
En las **palabras** que contienen la sílaba **yer** en **posición inicial o medial**: *yerno, reyerta.*	En casi todos los **términos** que acaban en **-ello, -ella**: *atropello, estrella.* **Excepciones:** *leguleyo/a, plebeyo/a, yeyo y zarigüeya*; el arabismo *omeya* y las palabras acabadas en la secuencia de origen grecolatino *-peya*: *epopeya, onomatopeya.*
En los **plurales en -es de los sustantivos** cuyo singular termina **en -y**: *ley > leyes.*	
En las **formas que incorporan /y/** en verbos cuyo infinitivo no lo presenta, y en sus **derivados**: *oyó* (< *oír*), *leyó* (< *leer*), *haya* (< *haber*), *arguyó* (< *argüir*), *yendo* (< *ir*); *oyente, contribuyente.*	Las **formas** de los verbos terminados en **-ellar, -illar, -ullar, -ullir**: *atropellar, acribillar, apabullar, bullir.*
En las **formas** de *erguir* y *errar* acentuadas en la raíz: *yerguen, yerran.*	

Letras especiales

LA LETRA *h*

La *h* **no se pronuncia** en la mayoría de las palabras (de ahí su denominación de «*h* **muda**»): *hojear/ojear, hecho/echo.*

En algunas palabras de origen extranjero se pronuncia como una aspiración (como una *j* suave; de ahí el nombre de «*h* aspirada»): *hachís, hándicap; Hegel, Helsinki...* Esta aspiración aparece también en ciertas zonas del sur de España y Canarias, así como en América; de ahí las variantes *hondo* o *jondo, halar* o *jalar, pitahaya* o *pitajaya...*

La *h* muda

En español, **la *h*** puede aparecer **en tres posiciones:**

- A **principio** de palabra: *hueso, hierro, horror...*
- En **interior** de palabra (*h* intercalada): *ahuecar, almohada, rehacer...*
- A **final** de palabra, en ciertas interjecciones: *ah, eh, oh...*

Se escribe *h*	Excepciones
Ante los diptongos /ua/, /ue/, /ui/ a principio de palabra o de sílaba: *huacal, huelo* (< *oler*), *huérfano, huipil; cacahuete, marihuana.*	*malaui, alauí, saharaui,* así como *fideuá*
Ante los diptongos /ia/, /ie/ en posición inicial de palabra: *hiato, hierba.* En estos casos, la /i/ inicial se suele pronunciar como el fonema consonántico /y/ ([yérba]), lo que, en ocasiones, se refleja en la escritura: *hierba/yerba* .	
En **voces que empiezan por** los elementos siguientes: *hagio* ('santo'): *hagiografía;* *hect(o)-* ('cien'): *hectómetro;* *helico-* ('espiral'): *helicóptero;* *helio-* ('sol'): *heliotropo;* *hema(to)-, hemo-* ('sangre'): *hematoma, hemorragia;* *hemi-* ('medio'): *hemisferio;* *hepat(o)-* ('hígado'): *hepático;* *hepta-* ('siete'): *heptasílabo;* *heter(o)-* ('otro'): *heterosexual;* *hex(a)-* ('seis'): *hexágono;* *hidr(o)-* ('agua'): *hidráulico;* *hiper-* ('superioridad, exceso'): *hipermercado;* *hipo*[1] ('debajo de, escasez de'): *hipotenso;* *hip(o)-*[2]*, hip-* ('caballo'): *hípica, hipopótamo;* *hol(o)-* ('todo, entero'): *holografía;* *homeo-* ('semejante, parecido'): *homeotérmico;* *homo-* ('igual'): *homosexual.*	
En **algunas interjecciones**, en su inicio (*hala, hurra, hola*) —aunque algunas puedan escribirse sin *h* (*ala, uy*)— o en su final (*eh, ah, oh, bah*).	

Se escribe *h*	Excepciones
Tras la secuencia inicial *ex-*, en las palabras *exhalar, exhausto, exhibir, exhortar, exhumar*, y sus derivados.	*exuberancia* y *exuberante*
En las **palabras que comienzan por herm-, histo-, hog-, holg-, horm-, horr-, hosp-**: *hermano, historia, hogar, holgazán, hormiga, horroroso, hospital.*	*ermita*, su derivado *ermitaño* y *ogro*
En las **palabras que empiezan por *hum-* seguida de vocal**: *humildad, humo.*	

LA LETRA *x*

La **letra *x*** es un curioso ejemplo de **grafía simple y pronunciación bien doble (/k/ + /s/), bien coincidente con la de *s*.** De ello derivan la mayor parte de las dificultades ortográficas que origina. (Para el uso de *x* en representación del fonema /j/, → pág. 16).

Fonema		Letra	Ejemplos
/k/ + /s/	*x*	-x-	*flexible, taxi, exhibir*
		-x	*relax, tórax*
/k/ + /s/ o solo /s/		x + consonante	*excursión, mixto*
/s/		x-	*xenofobia, xilófono*
/j/ (excepcionalmente)		grafía arcaica en ciertos antropónimos o topónimos	*México, Ximena*

Se escribe *x*	Excepciones
En las **palabras que comienzan por la sílaba *ex-* seguida de *-pl-* o *-pr-*:** *explicar, explosión; expresión, exprimir.*	*esplendor, espléndido, espliego* y algunos extranjerismos: *espray, esprínter*
Las **voces que empiezan por** los siguientes elementos: ***ex-*** ('fuera, más allá; privación'): *expatriar;* ***exo-*** ('fuera'): *exosfera;* ***extra-*** ('fuera de'): *extraordinario;* ***hexa-*** ('seis'): *hexámetro;* ***maxi-*** ('muy grande, muy largo'): *maxifalda;* ***xen(o)-*** ('extranjero'): *xenofobia;* ***xero-*** ('seco, árido'): *xerocopia;* ***xilo-*** ('madera'): *xilófono.*	
En las **voces que contienen las raíces griegas o latinas:** ***flex-*** ('curvatura, pliegue'): *flexionar;* ***lex(i)-*** ('palabra'): *léxico;* ***oxi-*** ('ácido' o 'agudo'): *óxido;* ***sex-*[1]** ('sexo'): *sexismo;* ***sex-*[2]** ('seis'): *sexto;* ***tax(i)-*** ('ordenación, tasa'): *taxonomía;* ***tox(i)-*** ('veneno'): *tóxico.*	

Cuadro resumen: valores fonológicos de letras y dígrafos

Letras		Fonemas	Ejemplos
a		/a/	asa, ha, antes, diana, ah
b		/b/	beso, cebra, absurdo, club
c	c + a, o, u	/k/	casa, seco, escuela
	c + consonante		creer, aclamar, recto
	-c		bloc, cómic, frac
	c + e, i	/z/	cebra, encerar, cien, precio
		/s/ (en zonas de seseo)	
d		/d/	doy, drama, admirar, red
e		/e/	elefante, heno, en, cueva, eh
f		/f/	feo, grifo, frío, nafta, golf
g	g + a, o, u	/g/	gato, agonía, agua
	g + ü + e, i		bilingüe, pingüino
	g + consonante		globo, agrio, amígdala
	-g		tuareg, zigzag
	g + e, i	/j/	gesto, página
h		No representa ningún fonema	hotel, ahí, anhelo, bah
		Se aspira en algunos préstamos	hachís, hámster, dírham
i		/i/	iglesia, tinto, híbrido, cursi
j		/j/	jaca, eje, tejí, ajo, juez, boj
k		/k/	koala, kril, búnker, yak
l		/l/	color, clave, altivo, piel
m		/m/	mayo, teme, amperio, álbum
n		/n/	nadie, anónimo, andar, ron
ñ		/ñ/	ñame, ñoño, cañería
o		/o/	ostentar, hora, actor, oh
p		/p/	padre, plano, aceptar, clip

Letras		Fonemas	Ejemplos
q		En las palabras españolas solo aparece en el dígrafo *qu: queso*.	
r	-r-	/r/	cara, aire, cloruro
	r precedida de consonante con la que forma sílaba		abrazo, crema, patria
	-r final de sílaba o palabra		circo, taberna, oler
	r-	/rr/	rama, red, riñe, ron, ruido
	r inicio de sílaba, precedida de consonante		alrededor, enredo, israelí
s		/s/	sábado, casa, esto, anís
t		/t/	tarde, potro, ritmo, mamut
u (ü en güe, güi)		/u/	uno, tú, uh, cigüeña, güito
v		/b/	valer, calvo, subvención
w		/u/	waterpolo, web, sándwich
		/b/	Witiza, wolframio
x (→ pág. 16)	-x-	/k + s/	flexible, taxi, exhibir
	x + consonante	/k + s/ o /s/	excursión, experto, mixto
	-x	/k + s/	relax, tórax
	x-	/s/	xenofobia, xilófono
y		/i/	y, rey, convoy, muy
		/y/	baya, yeso, hoyito, yo, yugo
z		/z/	zapato, bizco, nazi, paz
		/s/ (en zonas de seseo)	

Dígrafos	Fonemas	Ejemplos
ch	/ch/	chal, bache, ancho, crómlech
gu + e, i	/g/	guerra, erguir
ll	/ll/	llamar, fallo
	/y/ (en hablantes yeístas)	
qu + e, i	/k/	paquete, aquí
rr	/rr/	perro, antirrobo

Fenómenos que afectan a las secuencias de vocales iguales

Las secuencias de dos vocales iguales suelen aparecer en voces compuestas o prefijadas: *portaaviones, preestreno*. En la pronunciación, se tiende a articular una sola vocal: [portabiónes], [prestréno].

Como norma general, al escribir se recomienda la reducción gráfica de *aa, ee, ii, oo, uu* si la simplificación articulatoria se ha generalizado en el habla (incluso en la pronunciación cuidada): *portaviones, prestreno*. Sin embargo, la reducción no debe producirse:

• Cuando la voz resultante coincide con otra de distinto significado: *reemitir* (no *remitir*) 'volver a emitir' / *remitir* 'enviar', 'perder intensidad'.

• Cuando la vocal por la que comienza la palabra base es ella misma un prefijo: *archi + ilegal* no equivale a *archilegal* (sino a *archiilegal*).

Simplificación de secuencias de consonantes

EN POSICIÓN INICIAL DE PALABRA

En esta posición pueden aparecer las secuencias *cn-, gn-, mn-, pn-, ps-, pt-* en términos cultos o voces de otras lenguas. En la pronunciación espontánea de estos grupos consonánticos iniciales ajenos al español se elimina la primera de las consonantes: *gnóstico* [nóstiko], *psicología* [sicolojía]. En la escritura se admite tanto el mantenimiento del grupo consonántico como la variante que prescinde de la primera consonante (*gnomo* o *nomo, mnemotécnico* o *nemotécnico*).

EN INTERIOR DE PALABRA

En esta posición aparecen los grupos cultos *-bs-, -cc-, -ns-, -st-, -pt-*.

• **El grupo -bs-.** La reducción del grupo *-bs-* en *-s-* en posición final de sílaba es general en la pronunciación culta de las voces *obscuro, subscribir, substancia, substituir, substraer, substrato,* y todos sus derivados y parientes léxicos; ello se refleja al escribir en la preferencia por la grafía simplificada: *oscuro, suscribir, sustancia, sustituir, sustraer, sustrato*. En los demás casos, se mantiene *-bs-*: *abstención, abstracto, obstáculo, obstar*.

• **El grupo -cc-.** En él, cada letra representa un fonema distinto: /k/, la primera *c*; y /z/ o /s/, la segunda, según se trate de hablantes no seseantes o seseantes: *accesorio* [akzesório, aksesório].

Las palabras acabadas en *-ción* se escriben con *-cc-* cuando en su familia léxica aparece algún vocablo con el grupo *-ct-*: *dicción* ↔ *dictado; perfección* ↔ *perfecto; redacción* ↔ *redactar*. A ellas se suman unas pocas palabras que mantienen el grupo *-cc-* por razones etimológicas: *cocción, confección, fricción* y *micción*.

- **El grupo** *-ns-* **(***trans-, tras-***)**. En el caso del prefijo *trans-*, se ha generalizado la reducción del grupo en la pronunciación (*tras-*), por lo que coincide con la preposición *tras* (que también puede usarse como prefijo). Debe tenerse en cuenta, entonces, lo siguiente:

  – Se usa *tras-* para formar sustantivos que designan el espacio o lugar situado detrás del designado por la palabra base: *traspatio, trastienda;* y en las siguientes palabras de uso corriente y sus derivados: *trasfondo, traslado, trasluz, trasmano, trasnochar, traspapelar, traspasar, traspié, trasplantar, trastornar, trast(r)ocar*.

  – Se usa *trans-* cuando es prefijo y se suma a una base que empieza por **s-** (*transexual, transustanciación*); y cuando esta secuencia va seguida de vocal y no es analizable como prefijo (*transacción, transeúnte, transición, transigir, transistor, transitar, transitorio -a*, y sus familias léxicas).

  – Se usa *trans-* o *tras-* cuando el prefijo forma derivados en español (aun cuando la base comience por vocal: *trasatlántico* o *transatlántico*) y cuando esta secuencia va seguida de consonante (*trasbordo* o *transbordo, trasformar* o *transformar, trasparente* o *transparente*).

- **El grupo** *-st-*. Es poco frecuente en español dentro de la misma sílaba. Solo aparece en el sustantivo **istmo y sus derivados,** y en el **prefijo de origen latino** *post-* ('detrás de', 'después de'), para el que se recomienda la variante simplificada *pos-* tanto ante consonante (*posdata, posromántico*) como ante vocal (*poselectoral, posoperatorio*). Solo debe mantenerse **post-** antepuesto a bases que comienzan por **s-** (*postsimbolismo, postsoviético*).

- **El grupo** *-pt-*. Este grupo culto presenta siempre una frontera silábica entre las dos consonantes: *a.cep.tar, ap.to, es.cép.ti.co*.

Pese a relajarse la articulación de *p*, siempre se pronuncia; por tanto, también se mantiene en la escritura. Solo en *séptimo* y *septiembre* conviven los grupos con la variante simplificada minoritaria (*sétimo, setiembre*), también válida.

En algunas zonas de América, se conserva el grupo etimológico *-pt-* en los participios de verbos pertenecientes a la familia de *escribir*: *adscripto, descripto, inscripto, prescripto, suscripto*.

El uso de la tilde

2

Conceptos básicos

La sílaba

La sílaba es un conjunto de fonemas que se agrupan en torno a una vocal y que se emiten en un solo golpe de voz. Es la unidad a la que afecta el acento.

Palabras monosílabas / palabras polisílabas

Según el número de sílabas, las palabras se dividen en monosílabas (las que tienen una sola sílaba: *a, en, Juan, tú, vio*) y polisílabas (las formadas por más de una sílaba: *búfalo, fuerte, raquíticamente, sartén, vanidoso*).

El acento prosódico

En español, el acento prosódico es el mayor relieve con el que se pronuncia y se percibe una sílaba con respecto a las de su entorno. Tiene valor distintivo, esto es, sirve para distinguir palabras formadas por las mismas letras (*MÉdico/meDIco/medicÓ*).

Sílaba tónica / sílaba átona

La sílaba tónica es aquella sobre la que recae el acento en una palabra (a<u>MI</u>go). Las sílabas átonas en una palabra son aquellas que se pronuncian sin acento (*aMIgo*).

Palabras tónicas o acentuadas / palabras átonas o inacentuadas

Según su pronunciación, las palabras se pueden dividir en *tónicas* o *acentuadas* (las que poseen una sílaba tónica) y *átonas* o *inacentuadas* (las que carecen de acento).

La tilde o acento gráfico

La tilde es un signo en forma de rayita oblicua (´) que se coloca sobre la vocal de una palabra para indicar que la sílaba a la que pertenece esa vocal se pronuncia con acento prosódico.

Clases de palabras polisílabas

Se distinguen cuatro clases de palabras polisílabas:

Palabras polisílabas según la posición de la sílaba tónica		
Agudas	La sílaba tónica es la última. ▪▪■	coLIBRÍ, miRAR, taBLÓN
Llanas o graves	La sílaba tónica es la penúltima. ▪■▪	ÁNgel, ceLESte, MARtes
Esdrújulas	La sílaba tónica es la antepenúltima. ■▪▪	PÁgina, TÍpico, ÚNico
Sobresdrújulas	La sílaba tónica es anterior a la antepenúltima sílaba. ■▪▪▪	CÓmaselo, DÍgannoslo, imaGÍnesemelas

Reglas generales de la acentuación

Las **palabras monosílabas** se escriben sin tilde: *fe, ve, mes, bien, dio, fue.* Son excepción a esta regla las palabras monosílabas con *tilde diacrítica* (→ págs. 31-32).

Las **palabras polisílabas** se acentúan gráficamente según las siguientes pautas:

- Las **agudas** llevan tilde cuando terminan en vocal (*a, e, i, o, u* —la *y* no se ve afectada por la norma—) o en consonante *n* o *s* no precedidas de otra consonante: *acá, comité, magrebí, revisó, iglú; razón, compás.*

- Las **llanas** llevan tilde cuando terminan en una consonante que no sea *n* o *s*, en más de una consonante o en la letra *y*: *lápiz, referéndum, Tíbet, tórax; bíceps, récords, western; yóquey.*

- Las **esdrújulas** y **sobresdrújulas** llevan siempre tilde: *análisis, cóselo, rápido; recítenoslo, llévesemelas.*

Acentuación de palabras con secuencias vocálicas

Las palabras con secuencias vocálicas se acentúan gráficamente según las reglas generales de la acentuación a excepción de las que contienen hiatos formados por una vocal cerrada tónica seguida o precedida de una vocal abierta átona, que siempre llevan tilde (→ pág. 31).

La *h* intercalada no influye en que una secuencia vocálica forme un diptongo o un hiato, y tampoco impide que las vocales que la forman lleven tilde si lo establecen las reglas. Así, contienen diptongos palabras como *de.sahu.cio, prohi.bir* o *ahi.ja.do,* mientras que *pro.hí.bo, a.za.har* o *ta.húr* incluyen hiatos.

PALABRAS CON DIPTONGO

Un **diptongo** es la secuencia de dos vocales contiguas que forman parte de una misma sílaba. Desde el punto de vista ortográfico, se consideran diptongos las siguientes secuencias vocálicas:

- Una **vocal abierta (/a/, /e/, /o/) seguida o precedida de una cerrada átona (/i/, /u/):** esta*b*ais, *h*ay, *h*acia, *d*iario, *a*feitar, *virr*ey, *s*iento, *p*ie, *coh*ibir, *d*oy, *g*uion, au*n*ar, *ac*uario, *act*uado, *re*unir, *s*ueño, *estad*ounidense, *antig*uo).

- **Dos vocales cerradas distintas (/i/, /u/):** c*iu*dad, *d*iurno, v*iu*da, c*ui*dar, *r*uido, *h*uir, *m*uy).

Acentuación gráfica de palabras con diptongo

Las palabras que contienen diptongos se acentúan gráficamente de acuerdo con las reglas generales de acentuación: FI<u>O</u>, GU<u>IO</u>N, S<u>OY</u>, TRUH<u>A</u>N, F<u>UE</u>; bai<u>LAR</u>, virr<u>EY</u>; bon<u>SÁI</u>, hab<u>LÁIS</u>, reci<u>ÉN</u>, lic<u>UÓ</u>; CL<u>IE</u>Nta, con<u>TA</u>bais, in<u>CLUI</u>do; es<u>TIÉR</u>col, <u>HUÉS</u>ped; D<u>IÁ</u>logo, ling<u>ÜÍ</u>stica.

Colocación de la tilde en los diptongos

- En los diptongos formados por una **vocal abierta (*a, e, o*)** y una **vocal cerrada (*i, u*)** —o viceversa—, la tilde se escribe siempre sobre la vocal abierta: *d*iéresis, *acc*ión, *ac*uático, *desp*ués, *lic*uó, *cam*ináis, *alf*éizar, *C*áucaso, *ter*apéutico.

- En los diptongos compuestos por **dos vocales cerradas (*i, u*),** la tilde debe escribirse siempre sobre la segunda vocal: *ac*uífero, *veint*iún.

PALABRAS CON TRIPTONGO

Un **triptongo** es la secuencia de tres vocales contiguas que forman parte de una misma sílaba. Desde el punto de vista ortográfico, se consideran triptongos las secuencias formadas por una vocal abierta (/a/, /e/, /o/) seguida y precedida de una vocal cerrada átona (/i/, /u/): *g*uau, *b*uey, *conf*iáis, *desprec*iéis, *d*ioico.

Acentuación gráfica de palabras con triptongo

Las palabras con triptongo llevan tilde o no de acuerdo con las reglas generales de acentuación: FI<u>AIS</u>, LI<u>EIS</u>, MI<u>AU</u>, B<u>UEY</u>; estu<u>DIÁIS</u>, lim<u>PIÉIS</u>, consen<u>SUÁIS</u>, apaci<u>GÜÉIS</u>; bi<u>AU</u>RAL, Para<u>GUAY</u>; H<u>IOI</u>des.

Colocación de la tilde en palabras con triptongo

Cuando una palabra con un triptongo tónico debe acentuarse gráficamente, la tilde se escribe sobre la vocal abierta: *apreciáis, cambiéis, santiguáis, puntuéis.*

PALABRAS CON HIATO

Un hiato es la secuencia de **dos vocales que pertenecen a sílabas sucesivas distintas:** *ha.bí.a, o.í.do, pun.tú.a; a.or.ta, re.ac.tor, fe.o, lo.a.do; de.he.sa, Ro.ci.i.to, co.o.pe.rar.*

Los hiatos siguen las **reglas generales de acentuación,** tanto si los forman dos vocales abiertas (*a, e, o*) diferentes (*ca.os, ca.ó.ti.co, le.o.ni.no, le.ón*) como si se componen de dos vocales iguales (*chi.í, chi.i.ta; zo.o.lo.gí.a, zo.ó.lo.go*).

Sin embargo, los compuestos por una vocal abierta átona (*a, e, o*) seguida o precedida por una vocal cerrada tónica (*i, u*) **siempre llevan tilde en la cerrada**: *se.rí.as, sa.bí.ais, mí.o, ca.ca.tú.a, bú.hos, ca.í.do, tran.se.ún.te; ra.íz, la.úd.*

....

Tilde diacrítica

La tilde diacrítica se utiliza para diferenciar palabras tónicas, en su mayoría monosílabas, de palabras átonas que poseen una misma forma y distinto significado: *él/el; más/mas; tú/tu.* Constituye una excepción a las reglas generales de acentuación.

Pueden escribirse sin tilde los demostrativos *este, ese* y *aquel,* sea cual sea su función (*Esta es la casa*), y el adverbio *solo,* incluso en casos de posible ambigüedad (*Estaré* solo ['solamente' / 'sin compañía'] *un mes*).

TILDE DIACRÍTICA EN MONOSÍLABOS

Se distinguen por medio de la tilde diacrítica los siguientes monosílabos:

Tilde diacrítica en monosílabos			
tú	pronombre personal: *Tú no digas nada.*	**tu**	posesivo: *¿Dónde está tu casa?*
él	pronombre personal: *Él lo ha visto todo.*	**el**	artículo: *El cartero ya ha venido.*
mí	pronombre personal: *Hazlo por mí. Solo dependo de mí mismo.*	**mi**	posesivo: *Mi sombrero.* sustantivo ('nota musical'): *Empieza en mi natural.*

Tilde diacrítica en monosílabos			
sí	pronombre personal: *Está orgullosa de sí (misma).* adverbio de afirmación: *Sí, lo haré.* sustantivo ('aprobación o asentimiento'): *En el referéndum, triunfó el sí.*	**si**	conjunción, con distintos valores: *Si no lo encuentras, dímelo.* *Pregúntale si quiere ir.* *Haz como si no lo supieras...* sustantivo ('nota musical'): *La obra está en si bemol.*
té	sustantivo ('planta' e 'infusión'): *Posee una plantación de té.* *Desayuno té con leche.* Atención: El plural *tés* mantiene la tilde diacrítica del singular.	**te**	pronombre, con distintos valores: *Ayer no te vi en la reunión.* *¿De qué te arrepientes?* sustantivo ('letra'): *Escribió una te mayúscula.*
dé	forma del verbo *dar*: *Dé gracias a que estoy de buen humor.*	**de**	preposición: *Vienen de lejanos países.* sustantivo ('letra'): *La de.*
sé	forma del verbo *ser*: *Sé más discreto, por favor.* forma del verbo *saber*: *Ya sé qué ha pasado.*	**se**	pronombre, con distintos valores: *¿Se lo has traído?* *Luis se preparó la comida.* indicador de impersonalidad o de pasiva refleja: *Aquí se trabaja mucho.* *Se hacen trajes a medida.*
más	cuantificador : *Ana vive más lejos que tú.* conjunción con valor de suma o adición: *Seis más cuatro, diez.* sustantivo ('signo matemático'): *Coloca el más entre las cifras.*	**mas**	conjunción adversativa equivalente a *pero*: *Me creyeron, mas solo después de verle.*

No debe escribirse tilde sobre la conjunción *o*, ni siquiera cuando aparezca entre números o signos (*Tendrá 14 o 15 años; Son los signos + o –*).

TILDE DIACRÍTICA EN *QUÉ, CUÁL/ES, QUIÉN/ES, CÓMO, CUÁN, CUÁNTO/A/OS/AS, CUÁNDO, DÓNDE* Y *ADÓNDE*

Las palabras *qué, cuál/es, quién/es, cómo, cuán, cuánto/a/os/as, cuándo, dónde* y *adónde* son tónicas y se escriben con tilde diacrítica cuando introducen oraciones interrogativas o exclamativas directas o indirectas:

Interrogativas y exclamativas directas	Interrogativas y exclamativas indirectas
*¿Con **cuál** se queda usted?* *¡**Qué** buen tiempo hace!* *¿De **quién** es esto?* *¡**Cómo** ha crecido este niño!* *¡Hasta **cuándo** os quedáis?* *¿**Cuántos** han venido?*	*Ya verás **qué** bien lo pasamos.* *Le explicó **cuáles** eran sus razones.* *No sé **quién** va a venir.* *No te imaginas **cómo** ha cambiado.* *La nota informa de **cuándo** vuelven.* *Pregunta por **dónde** se va al castillo.*

También llevan tilde sustantivados mediante un determinante: *Queda decidir el **cómo**, el **dónde** y el **cuándo** de la intervención.*

Cuando estas palabras funcionan como relativos o, en el caso de algunas de ellas, también como conjunciones, son átonas (salvo el relativo *cual,* que precedido de artículo es tónico) y se escriben sin tilde:

> *El jefe, **que** no sabía nada, no supo reaccionar.*
> *Esta es la razón por la **cual** no pienso ir.*
> *Ha visto a **quien** tú sabes.*
> ***Cuando** llegue ella, empezamos.*

Tilde en *aún/aun*

La tilde en el adverbio *aún,* frente a *aun,* no es un caso de tilde diacrítica, sino que da cuenta de una de las dos pronunciaciones posibles de esta palabra, que sigue las reglas generales de acentuación:

- *Aún* es una palabra bisílaba tónica con hiato (*a.ún*) cuando puede sustituirse por *todavía* con valor temporal (*Aún espera que vuelva*) o ponderativo (*Ha ganado y aún se queja*).

- *Aun* es un monosílabo átono con diptongo que equivale a *hasta, también, incluso* —o *siquiera,* tras *ni* en construcciones negativas: *Aprobaron todos, aun los que no estudian nunca; Ni aun de lejos se parece a su hermano.* Tiene sentido concesivo ('aunque', 'a pesar de') en la expresión *aun cuando* o seguido de gerundio, participio o adverbio: *Te lo darán aun cuando no lo pidas; Es una buena oferta y, aun así, no firmará.*

Acentuación de formas y expresiones complejas

COMPUESTOS UNIVERBALES

Las palabras compuestas escritas en una sola palabra solo tienen un acento prosódico, el de su último componente, y siguen las reglas de acentuación: *ciempiés, tiovivo, arcoíris, Josemaría.*

PALABRAS UNIDAS CON GUION

En las expresiones complejas formadas por varias palabras unidas con guion, cada una de ellas mantiene su acentuación gráfica: *épico-lírico, Álvarez-Cano, París-Berlín.*

ADVERBIOS EN *-MENTE*

Los adverbios en *-mente* mantienen la tilde del adjetivo base si este la lleva: *ágilmente* (de *ágil*), pero *suavemente* (de *suave*).

FORMAS VERBALES CON PRONOMBRES ENCLÍTICOS

Las formas verbales seguidas de uno o varios pronombres átonos (*me, te, se, lo/s, la/s, le/s, nos, os*) se acentúan gráficamente siguiendo las reglas de acentuación: *cállate, dígaselo, denos, estate, subíos*. Las formas de voseo no son una excepción: *decímelo, pensalo, ayudanos*.

Acentuación de palabras y expresiones extranjeras

Debe distinguirse entre el uso de palabras de otras lenguas y el de sus formas adaptadas e incorporadas al léxico español.

Los extranjerismos crudos (voces o expresiones de otras lenguas, incluido el latín, no adaptadas al español) se escriben con la grafía propia de la lengua original y en cursiva (o entre comillas, en textos manuscritos): *apartheid, blues, curriculum vitae, nihil obstat, pendrive, piercing, reggae*.

Los extranjerismos adaptados a la pronunciación y escritura españolas llevarán tilde cuando así lo exijan las reglas de acentuación: *champú, currículo, pádel, espagueti, mitin, párkinson, ragú, récord, réquiem, sándwich*.

Acentuación de abreviaturas, siglas y símbolos

Las **abreviaturas** mantienen la tilde si incluyen la vocal que la lleva en la palabra correspondiente: *pág.* (de *página*), *teléf.* (de *teléfono*).

Las **siglas** escritas enteramente en mayúsculas nunca llevan tilde: *CIA, OTAN*. Sin embargo, los **acrónimos** que se convierten en nombres comunes o propios se someten a las reglas de acentuación: *láser, radar, Fundéu*.

Los **símbolos** internacionales se escriben sin tilde aunque la palabra correspondiente en español la lleve: *a* (por *área*), *lim* (por *límite*).

El uso de los signos ortográficos

3

Conceptos básicos

El enunciado

Es el mensaje mínimo. Puede estar compuesto de una sola palabra o de un conjunto de ellas. Tiene sentido completo, autonomía sintáctica (esto es, puede aparecer aislado) y entonación propia (con final ascendente [↑], descendente [↓] o en suspenso [→]). Son enunciados las secuencias separadas a continuación por signos de punto y coma: *Adiós; ¡Ay!; ¿Por qué no me dijiste nada?; Todos estábamos preocupados; ¡Si pudiera viajar...!*

El discurso

Es la unión coherente de enunciados en unidades superiores (párrafos, capítulos, etc.) para formar un texto. Puede haber discursos o textos tan breves como un poema o un microrrelato o tan largos como un libro.

Los signos ortográficos

Son las marcas gráficas que se utilizan en los textos escritos, junto a las letras y los números, para facilitar su lectura e interpretación.

Sirven para delimitar las partes que componen los enunciados y el discurso, así como para ofrecer a veces información sobre las relaciones que esas partes mantienen entre sí. Ayudan a reproducir la entonación propia de la comunicación oral y a evitar posibles ambigüedades en la transmisión escrita. Su correcto empleo es uno de los aspectos más importantes de la escritura.

Dejando a un lado la tilde y la diéresis, los signos ortográficos del español se dividen en **signos de puntuación** y **signos auxiliares**.

··

Los signos de puntuación

Los signos de puntuación delimitan las unidades del discurso. En español, son los siguientes: punto, coma, punto y coma, dos puntos, paréntesis, corchetes, raya, comillas, signos de interrogación y de exclamación y puntos suspensivos.

EL PUNTO

La función primordial del punto (.) es indicar el fin de un enunciado, un párrafo o un texto. La palabra que sigue al punto de cierre de un enunciado siempre se escribe con inicial mayúscula. Existen tres tipos de punto:

- **Punto y seguido** (mejor que *punto seguido*): separa los distintos enunciados de un párrafo. Tras punto y seguido se continúa escribiendo en el mismo renglón: *Busca bien. Tal vez encuentres algo interesante.*

- **Punto y aparte** (mejor que *punto aparte*): separa dos párrafos distintos de un texto. Después de punto y aparte se pasa a la línea siguiente:

    El mar estaba embravecido aquel día. Los barcos no habían salido a faenar.
    Miguel, sentado en el muelle, esperaba el regreso de su padre.

- **Punto final:** cierra un texto o sus divisiones principales (p. ej., capítulos):

    El dinosaurio
    Cuando despertó, el dinosaurio todavía estaba allí. (A. Monterroso)

Otros usos del punto

- En **abreviaturas**. La mayoría de las abreviaturas se cierran con punto: *Sra., pág.* A este punto solo le sigue mayúscula si la exige el elemento siguiente (*Inst. Cervantes*) o detrás comienza un nuevo enunciado (*Llévate botas, jerséis, etc. Hará mucho frío*).

    El punto abreviativo se mantiene al coincidir con otros signos de puntuación, salvo con el punto de cierre de enunciado (en ese caso se escribe un solo punto: *Llévate botas, jerséis, etc.*). En abreviaturas con una letra volada, se escribe punto delante de esta: *n.º, D.ª*

- En **expresiones numéricas,** para separar la parte entera de la parte decimal ($\pi = 3.1416$). Con este mismo fin, puede usarse también la coma.

> Nunca se pone punto en la expresión numérica del año: *1492, 2013.*

- En la **delimitación silábica** (pegado a las letras): /ma.ri.po.sa/.

- En **clasificaciones o enumeraciones** en forma de **lista**, tras el signo que encabeza cada elemento de la enumeración:

¿Cuál es la capital de Ohio?
a. Cleveland
b. Columbus

Combinación del punto con otros signos ortográficos

- A menudo, el punto de cierre de enunciado se combina con signos dobles de puntuación —paréntesis, corchetes, rayas y comillas—. En esos casos, el punto se coloca siempre tras las marcas de cierre de los citados signos:

  Se fue dando un portazo. (Creo que estaba muy enfadado).
  Se llamaba Elvira Muñoz —si no recuerdo mal—.
  En el cartel del perro se leía: «No me acaricies. (Estoy trabajando)».

- No se escribe punto tras el signo de cierre de interrogación o exclamación, ni tras los puntos suspensivos (en ese caso no se escriben cuatro puntos, sino tres):

  ¿Vienes? ¡Qué bien! Cuando se lo diga a los demás...

- Si, tras el cierre de interrogación o exclamación, o después de los puntos suspensivos, aparece un paréntesis, una raya, un corchete o unas comillas de cierre, es obligatorio colocar un punto al final de la secuencia:

  Gritó entusiasmada: «¿Vienes? ¡Qué bien!».

LA COMA

La coma (,) delimita unidades lingüísticas inferiores al enunciado.

> Entre **sujeto y predicado** no se escribe coma (a no ser que se intercale un inciso entre ellos o que el sujeto termine con *etcétera* o su abreviatura *etc.*).
>
> No se usa coma para separar el verbo de sus complementos más importantes o un grupo nominal de sus complementos especificativos.

Principales usos de la coma

- Para delimitar **incisos** (aposiciones explicativas, oraciones subordinadas adjetivas explicativas, construcciones absolutas, comentarios...):

  Eduardo Torres, <u>experto en biotecnología</u>, hablará mañana.
  La casa, <u>que está al borde del mar</u>, es muy luminosa.

- Para separar **interjecciones** y **locuciones interjectivas**: <u>*Bah*</u>*, no te preocupes.*

- Ante **apéndices confirmativos** (*¿verdad?*, *¿eh?*): *Confías en mí, <u>¿no?</u>*

- Para aislar **vocativos**: <u>*Javier*</u>*, cierra la puerta; A ver, <u>usted</u>, acérquese.*

- Para separar **marcadores del discurso** (*esto es, o sea, por ejemplo...; además, asimismo...; sin embargo, por el contrario...; así pues, por lo tanto...; en primer lugar...*): *Se ha llevado todo. O sea, no piensa volver.*

- Para **delimitar unidades coordinadas:**

  – Elementos de **enumeraciones** no unidos por *y, e, ni* o por *o, u*:

  > *Acudieron a la cita abuelos, padres, hijos, etc.*

  – En coordinaciones introducidas por *así como*:

  > *Era famoso por su voz, así como por su forma de actuar.*

  – Ante las correlaciones *bien..., bien...; ora..., ora...; ya..., ya...*:

  > *Organizaremos la fiesta, bien en tu casa, bien en la mía.*

  – Ante las conjunciones adversativas *pero, mas, aunque, sino...*:

  > *Hazlo si quieres, pero luego no digas que no te lo advertí.*
  > *No lo hizo porque le gustara, sino porque era su deber.*

  Puede prescindirse de la coma cuando la conjunción *pero* opone dos adjetivos o dos adverbios: *Es listo pero lento*; o cuando *sino* equivale a 'salvo, excepto, aparte de': *¿Quién sino tú puede ayudarme?*

  – En la separación de los dos términos de *no solo..., sino (también)...*:

  > *Fue aplaudido no solo por mí, sino por todos sus colegas.*

- En **oraciones subordinadas:**

  – Tras **causales, condicionales, concesivas y temporales** antepuestas:

  > *Si vas a llegar tarde, no dejes de avisarme.*
  > *Aunque no quieras, te llevaré al hospital.*

  – Ante **subordinadas pospuestas ilativas** (introducidas por *así que, luego, de ahí que*), **causales explicativas** (introducidas por *pues, ya que, porque, que* y *puesto que*) **y finales explicativas:**

  > *Nadie abría la puerta, así que siguieron llamando.*
  > *Tuvimos que alquilar dos coches, ya que al final vinieron seis.*
  > *Tienes que terminarlo hoy, para que te enteres.*

> En **construcciones comparativas y consecutivas**, no se deben separar con coma los dos nexos correlativos (*más, menos... que, tan o tanto(s)/a(s)... como; tanto(s)/a(s), tan, tal(es)... que..., de tal manera... que...*).

- Para delimitar los **complementos que afectan a toda la oración:**

  > *Francamente, no creo que vuelva por aquí.*
  > *En cuanto a ti, no quiero volver a verte.*
  > *Por fortuna, no estábamos allí.*
  > *Desde el punto de vista médico, no hay nada que hacer.*

- Para indicar la **elisión** de un **verbo** o de un segmento mayor que este:

  Su hijo mayor es rubio; el pequeño, moreno.
  Los que no tengan invitación, por aquella puerta.

Combinación de la coma con otros signos ortográficos

La coma puede aparecer tras los puntos suspensivos —nunca delante de ellos— cuando estos no cierran el enunciado, o tras el punto de una abreviatura; también, combinada con los signos de interrogación o de exclamación (delante del de apertura —y con un espacio en medio— o tras el de cierre —y pegado a él—). Asimismo, puede aparecer la coma después del signo de cierre de los paréntesis, los corchetes, la raya y las comillas cuando tras ellos continúa el enunciado:

  «Buenas noches», dijo muy circunspecto al entrar en la habitación.
  ¿Quieren saberlo?, pues pregúntenmelo.

EL PUNTO Y COMA

El punto y coma (;) delimita unidades menores que el enunciado: *Al recibir el aviso, salió; aún estaba vivo cuando lo encontró.*

Se elige entre coma, punto y seguido y punto y coma según la mayor o menor relación que el hablante perciba entre las unidades separadas.

Usos del punto y coma

- En **oraciones yuxtapuestas,** sobre todo si se ha utilizado alguna coma o las oraciones que separa tienen una estrecha relación semántica:

  Puede irse a casa; ya no hay nada más que hacer.

- Ante las conjunciones *mas, pero, aunque* y, más raramente, *sino:*

  Vivió poco en aquella ciudad; pero, mientras estuvo allí, fue feliz.

  Si las oraciones resultan extensas, es preferible el punto y seguido.

- Ante *o sea, es decir, esto es; por tanto, por consiguiente...:*

  Las mercancías pasan un estricto control; por tanto, saldrán con retraso.

> Tras punto y coma **nunca** se utiliza mayúscula, salvo al presentar, en obras lingüísticas, una serie de ejemplos o enunciados independientes entre sí.

Combinación del punto y coma con otros signos ortográficos

Se comporta como la coma (→ en esta misma página, más arriba).

LOS DOS PUNTOS

Los dos puntos (:) detienen el discurso para llamar la atención sobre lo que sigue.

Usos de los dos puntos

- En **enumeraciones o ejemplificaciones** con un elemento anticipador:

  Ayer me compré <u>dos libros</u>: uno de Carlos Fuentes y otro de Cortázar.
  Hay <u>cosas que no debes olvidar</u>: el pasaporte, por ejemplo.

- En expresiones yuxtapuestas de **causa-efecto**, **resumen**, **explicación**:

  Leer, viajar y montar en bicicleta: estas son mis aficiones.

- En el **estilo directo,** dan paso a una cita textual entre comillas, que normalmente comienza con mayúscula:

  Ya lo dijo Ortega y Gasset: «La claridad es la cortesía del filósofo».

- **Tras el encabezamiento de cartas y documentos.** Se sigue en renglón aparte y con mayúscula inicial:

  Muy señor mío:
  Le agradeceré que en el plazo más breve posible...

- Tras la fórmula de **presentación de un acto jurídico-administrativo** (certificados, instancias...). Se sigue en renglón aparte y con mayúscula inicial:

  CERTIFICA:
  Que D. José Álvarez ha seguido con aprovechamiento el Curso...

No deben utilizarse los dos puntos ante enumeraciones que carecen de elemento anticipador.

Tampoco es recomendable usar más de una vez los dos puntos en un mismo enunciado. Es preferible usar otros signos de puntuación o cambiar la redacción.

Combinación de los dos puntos con otros signos ortográficos

En su combinación con otros signos, se comportan como la coma (→ pág. 39).

LOS PARÉNTESIS

Los paréntesis tienen la forma ( ) y presentan los siguientes usos:

- Para aislar **incisos, aclaraciones, comentarios marginales, datos intercalados, explicaciones, precisiones...**:

  Las asambleas (la última duró demasiado) se celebran en esta sala.

- Para encerrar las **acotaciones** del autor y los **apartes** de los personajes en **textos teatrales**:

> RAMIRO.—(Con voz enojada). ¿¡Quién es a estas horas!?
> LAURA.—Soy yo; abre. (Como imaginaba, le sorprende mi visita).

- Para **presentar una opción o alternativa**: *En el documento se indicará(n) el (los) día(s) del contrato.*

- En las letras o números que introducen los **elementos de una enumeración**:

> *Los libros podrán encontrarse en los lugares siguientes:*
> a) *en los estantes superiores de la biblioteca; / (a) en los estantes...*
> b) *en los armarios de la biblioteca principal. / (b) en los armarios...*

Combinación de los paréntesis con otros signos ortográficos

Tras el cierre del paréntesis, puede escribirse punto, coma, punto y coma y dos puntos: *Se llama Elvira (si no recuerdo mal). Son novios (el año pasado hicieron un año), pero no se entienden.*

Cuando coinciden varios signos dobles de cierre tras una palabra, se disponen en orden inverso al de su apertura: *«No lo sé (¿por qué habría de saberlo?)», señaló.*

El texto entre paréntesis puede tener su propia puntuación: *Su facilidad para los idiomas (¡habla siete lenguas!) le ha abierto muchas puertas.*

LOS CORCHETES

Los corchetes ([ ]) tienen usos análogos a los de los paréntesis:

- Para incluir en un texto ajeno entrecomillado **añadidos, interpolaciones o modificaciones de quien reproduce la cita**:

> *Empezó a exagerar sus andanzas: «He recorrido medio mundo [en realidad, no ha salido de Europa]. No me canso de viajar».*

- Para incluir **incisos dentro de un texto entre paréntesis**:

> *Algunas de las últimas novelas que publicó Galdós (por ejemplo,* El caballero encantado *[1909]) tuvo muy malas críticas en su época.*

Combinación de los corchetes con otros signos ortográficos

Para la combinación de los corchetes con otros signos de puntuación, véase lo dicho a propósito de los paréntesis (→ en esta página, más arriba).

LA RAYA

La raya tiene mayor extensión que el símbolo menos y el guion.

raya	menos	guion
—	–	-

Puede aparecer como signo doble (apertura y cierre) o simple.

Usos de la raya como signo doble

- Para aislar **aclaraciones, incisos...** que interrumpen un enunciado, al igual que la coma o los paréntesis: *Para él la amistad —algo que valoraba más que cualquier otra cosa— era sagrada.*

- Para **aislar incisos incluidos en otros incisos** encerrados entre paréntesis:

  Para más información sobre este tema (la bibliografía existente —incluso en español— es bastante extensa) deberá acudir a otras fuentes.

> En los casos anteriores, **nunca debe suprimirse** la raya de cierre del inciso.

- En **incisos de un narrador,** para intercalar en un diálogo sus comentarios, aclaraciones o precisiones. En este caso se emplea una sola raya cuando la observación del narrador se cierre con un punto y aparte o el con punto final; si no, se utilizarán dos rayas (la de apertura y la de cierre):

  —Esto —dijo el molinero— no es harina.
  —Esto no es harina —dijo el molinero.

Usos de la raya como signo simple

- Para indicar las **intervenciones** o turnos de un **diálogo,** con la raya pegada a la palabra o signo que le sigue:

  —¿Cuándo volverás?
  —No tengo ni idea.

- En **enumeraciones** y **esquemas,** ante cada uno de los elementos que incluyen. Se deja un espacio en blanco entre la raya y la palabra siguiente:

  En el arte griego existen tres órdenes arquitectónicos:
  — dórico
  — jónico
  — corintio

- En la **edición de obras teatrales,** precedida de punto y seguida de un espacio, para indicar el nombre del personaje que interviene:

  MARÍA.— ¿Dónde vas?
  JUAN.— A dar una vuelta.

Combinación de la raya con otros signos ortográficos

Para la combinación de las rayas que encierran incisos con otros signos de puntuación, véase lo dicho a propósito de los paréntesis (→ pág. 41).

LAS COMILLAS

En español se usan tres tipos de comillas: las *angulares, latinas* o *españolas* (« »), las *inglesas* (" ") y las *simples* (' '). Sirven para citar palabras textuales: *«Él dijo: "Vaya 'cacharro' que se ha comprado Julián"»*.

Usos de las comillas como signo delimitador

• Para enmarcar **citas textuales**: *«Sobreviven los que se adaptan mejor al cambio», dijo Darwin.* Si las citas son muy extensas, es preferible cambiar de línea y sangrar el texto.

• En la **reproducción literal del pensamiento de los personajes en textos narrativos**: *«No tengo nada que perder», pensó Manuela.*

Otros usos de las comillas

• Para indicar **usos peculiares y expresivos** de un término o expresión: *Dice que tus «cocretas» están estupendas.* Para ello, también se puede utilizar la cursiva.

• En la **indicación del significado** de un término, para lo que resultan preferibles las comillas simples (' '): *La voz* apicultura *está formada a partir de los términos latinos* apis *'abeja' y* cultura *'cultivo, crianza'*.

• Para **citar el título** de un artículo, un reportaje, un cuento, un poema o un capítulo de un libro. Sin embargo, los títulos de libros, revistas y periódicos se escriben en cursiva (o en redonda, si el texto base está en cursiva):

> *Escribió el artículo «El léxico de hoy» para el libro* El lenguaje en los medios de comunicación.

Combinación de las comillas con otros signos ortográficos

Para la combinación de las comillas con otros signos de puntuación, véase lo dicho a propósito de los paréntesis (→ pág. 41).

LOS SIGNOS DE INTERROGACIÓN Y EXCLAMACIÓN

Los signos de interrogación (¿?) o de exclamación (¡!) son signos dobles. Sirven para enmarcar, respectivamente, oraciones interrogativas o exclamativas directas: *¿Qué quieres?*; *¡Qué bonito!*

Principales usos de los signos de interrogación y exclamación

En **preguntas y exclamaciones directas** son obligatorios los dos signos, el de apertura y el de cierre: *¿Cuántos años tienes?*; *¡Qué alegría!*

Cuando la pregunta o exclamación no coincide con el enunciado completo, los signos de interrogación y exclamación deben limitarse a enmarcar la
secuencia propiamente interrogativa o exclamativa:

En cuanto a Eva, ¿hay alguna novedad?

Cuando hay varias **preguntas o exclamaciones breves** seguidas, si se las
considera independientes unas de otras, se empieza cada oración con mayúscula inicial; si se ven como un solo enunciado, se separan con comas y se
inicia cada una con minúscula:

¿Quién era? ¿De dónde salió? ¿Te dijo qué quería?
¡Qué enfadado estaba!, ¡cómo se puso!, ¡qué susto nos dio!

Usos especiales

- Para expresar **duda** o **sorpresa,** a menudo teñidas de **ironía,** se coloca el
cierre de interrogación o de exclamación, respectivamente, entre paréntesis:

Tendría gracia (?) que al final se saliera con la suya.
Ha terminado los estudios con treinta años y está tan orgulloso (!).

- Cuando un **enunciado** es, al mismo tiempo, **interrogativo y exclamativo,**
se abre con uno de los dos signos y se cierra con el otro; también se pueden
utilizar ambos en la apertura y en el cierre:

¡Cómo te has atrevido? / ¿Cómo te has atrevido!
¿¡Qué estás diciendo!? / ¡¿Qué estás diciendo?!

- Para reflejar un **énfasis extraordinario,** pueden multiplicarse los signos
de exclamación en la escritura: *¡¡¡Traidor!!!*

- Para expresar **duda** respecto de un dato, se pueden usar los dos signos de
interrogación o solo el de cierre: *Hernández, Gregorio (¿1576?-1636); Fray
Miguel de Salinas (?-1577).*

Combinación de los signos de interrogación y exclamación con otros signos ortográficos

Estos signos pueden combinarse con coma, punto y coma, dos puntos y
puntos suspensivos, así como con los paréntesis, las rayas, las comillas e,
incluso, los corchetes (pero no con un el punto, pues los signos interrogati-
vos y exclamativos de cierre equivalen a él): *¿Tiene un minuto? Debo hablar
con usted.*

LOS PUNTOS SUSPENSIVOS

Los puntos suspensivos (...) indican un corte momentáneo del enunciado
o una omisión. Tras ellos se escribe mayúscula si cierran el enunciado y

equivalen a un punto; o se usa minúscula, cuando el enunciado continúa tras esa breve interrupción:

El caso es que si lloviese... Mejor no pensar en esa posibilidad.
Estoy pensando que... aceptaré; en esta ocasión debo arriesgarme.

Usos de los puntos suspensivos

- Indican una interrupción momentánea que expresa **duda, temor** o **vacilación:** *Quería preguntarte..., bueno..., que si quieres venir.*
- Suspenden el enunciado, a fin de crear **expectación:** *Si yo te contara...*
- En **pausas que demoran enfáticamente** un enunciado: *Ser... o no ser... Esa es la cuestión.*
- En una **cita incompleta,** indican la omisión de un fragmento conocido: *A quien madruga..., así que dense prisa.*
- Para **insinuar,** evitando su reproducción, **expresiones o palabras malsonantes:** *¡Qué hijo de... está hecho!; Vete a la m... No te aguanto más.*
- En **enumeraciones abiertas o incompletas,** con el mismo valor que *etcétera* o *etc.*: *Puedes hacer lo que quieras: leer, ver la tele, oír música...*

> Los puntos suspensivos son incompatibles con *etcétera* o su abreviatura *etc.*

- Para **indicar cortes en una cita,** se escriben entre corchetes o, más raramente, entre paréntesis: *«Fui don Quijote de la Mancha y soy agora [...] Alonso Quijano el Bueno»* (M. DE CERVANTES, Quijote *II*).

Combinación de los puntos suspensivos con otros signos ortográficos

Los puntos suspensivos son incompatibles con el uso del punto, pero pueden aparecer ante coma, punto y coma y dos puntos. También pueden utilizarse delante o detrás de los signos de cierre de interrogación o exclamación, y de la raya, el paréntesis, las comillas o el corchete de cierre.

Se escriben pegados a los signos que los preceden y con los que se combinan.

> Cuando los puntos suspensivos siguen al punto de una abreviatura, este se mantiene, de modo que se escriben, de forma extraordinaria, cuatro puntos en total: *Para Esteban, para su mujer, para Vd....*

Signos auxiliares

Los signos auxiliares son signos ortográficos con funciones diversas. Los más usuales son el guion, la barra y el apóstrofo.

EL GUION

El guion (-) es más corto que la raya (→ pág. 41) y posee valor y funciones diferentes. Se utiliza para **dividir palabras a final de línea o renglón** y **para formar cierto tipo de compuestos.**

Uso del guion al final de línea o renglón

Se utiliza para dividir una palabra que no cabe completa en la misma línea de texto. En este caso, deben tenerse en cuenta las siguientes reglas:

• No se pueden separar letras de una misma sílaba ni secuencias de vocales (aunque formen hiato: *paí- / ses*): *suer- / te, subi- / ríais, ne- / xo, ac- / to, rec- / ción, ex- / perto, com- / pra, ci- /clo, ins- / tar, pers- / picaz, cons- / truyen.*

> En español, **dos consonantes seguidas** que no forman dígrafo pertenecen a sílabas distintas (*blan- / co*), a no ser los grupos formados por *bl, cl, fl, gl, kl, pl, br, cr, dr, fr, gr, kr, pr, tr*: *es- / plendor*.
>
> Cuando aparecen juntas **tres consonantes** en posición intervocálica, las dos primeras se unen a la vocal anterior y la tercera a la siguiente: *ist- / mo*.
>
> Cuando aparecen seguidas **cuatro consonantes** en una palabra, se reparten en las sílabas dos a dos: *abs- / tracto*.

<u>Excepción:</u> En las palabras prefijadas o compuestas, se podrán dividir a final de renglón tanto sus componentes como las sílabas que las forman: *re- / instalar, reins- /talar...; bie- / nestar, bien- / estar...*

• Si la primera sílaba de una palabra es una sola vocal, no debe dejarse sola esta a final de renglón: **a- / buelo.*

<u>Excepción:</u> Sí puede hacerse esa división cuando la vocal inicial va precedida de *h*: *hi- / dratante.*

• Las palabras que contienen una *h* muda se segmentan a final de línea como si esta no existiese y según las reglas anteriores: *adhe- / sivo* (**ad- /hesivo*), *trashu- / mante* (**tras- / humante*), *prohí- / ben* (**pro- / híben*).

• No deben segmentarse a final de línea las abreviaturas (**ap- / do.; *te- / léf.*) ni las siglas y acrónimos, con la excepción de los antiguos acrónimos incorporados al léxico español, que han de ser tratados como el resto de las palabras en cuanto a su partición: *ra- / dar, lá- / ser, ov- / ni.*

- Cuando la separación a final de línea coincide con el guion de una expresión compleja, debe ponerse otro guion al comienzo de la línea siguiente: *léxico- / -semántico; relación calidad- / -precio.*

  Excepción: Los nombres propios compuestos no necesitan de un guion en la línea siguiente al ser partidos: *Menéndez- / Pidal, Torre- / Pacheco.*

- No se deben dividir nunca a final de línea los números, sean arábigos o romanos.

Uso del guion para formar compuestos

Se emplea el guion para unir varias palabras o elementos que forman expresiones compuestas:

- En **apellidos o topónimos compuestos**: *Ana Sánchez-Cano, Rivas-Vaciamadrid, Vitoria-Gasteiz.* En nombres de pila puede usarse si el último componente podría ser interpretado como apellido: *Manuel-Andrés Dueñas.*

- En **compuestos** formados por la suma de dos o más adjetivos, el primero de los cuales queda invariable en su forma masculina singular: [análisis] *lingüístico-literario;* [películas] *ítalo-franco-canadienses.*

- En la **unión de dos o más sustantivos**: *hombre-caballo, lectura-escritura,* [encuentro amistoso] *España-Argentina.*

- En **palabras prefijadas**, para impedir la confluencia en interior de palabra de letras minúsculas y mayúsculas (*mini-USB, anti-OTAN; pro-Obama*).

- En **expresiones que combinan letras y cifras**, para aludir, por ejemplo, a una carretera, una categoría deportiva, un modelo de alguna marca, un tipo de película, ...: *M-501, Audi A-3.* Solo es obligatorio cuando las letras son un prefijo: *sub-21, super-8.*

- En la expresión de **fechas**, para separar el día, el mes y el año, así como en **intervalos numéricos**: *25-4-1974; páginas 23-45; siglos X-XII.*

- En la presentación de la **segmentación silábica** de palabras, con el guion colocado entre espacios: *ma - ri - po - sa.*

- Para indicar **segmentos de palabra** (afijos, desinencias, raíces...): su inicio (*in-*), un segmento interior (*-ec-*) o su final (*-izar*).

LA BARRA

La barra inclinada de derecha a izquierda (/) se emplea en los siguientes casos:

- En ciertas **abreviaturas** convencionales (*c/c*, 'cuenta corriente').
- Como **indicador**, entre espacios, **de final de línea o del fin de un verso** en poemas o series de versos transcritos de forma continua (*Cerrar podrá mis ojos la postrera / sombra que me llevare el blanco día...* [F. DE QUEVEDO]).
- Con **valor disyuntivo**, para señalar una opción o alternancia. Sin espacios cuando separa una palabra y un morfema: *Querido/a amigo/a.*
- En la **expresión de división, proporción o mera relación**, sin separación alguna y con valor preposicional (*km/h, euros/mes...*).
- En la **transcripción fonológica**, para representar los fonemas: /i/ (→ capítulo 1).
- En la indicación de **fechas**, sin espacios: *23/4/2011.*

EL APÓSTROFO

El apóstrofo ('), inusual hoy en español, tiene los siguientes usos:

- En **elisiones fónicas**, para indicar la supresión de sonidos contiguos propia del habla oral, coloquial o vulgar: *Para el carro que m'acatarro.*
- En la **escritura** de nombres propios o expresiones de **otras lenguas**: *L'Hospitalet de Llobregat; O'Donnell; c'est la vie; five o'clock.*

Uso de mayúsculas y minúsculas

4

Conceptos básicos

La forma de las letras

En español, las letras del abecedario adoptan dos formas distintas: mayúsculas y minúsculas. Las letras mayúsculas son más grandes que las minúsculas; algunas, además, tienen un trazo distinto (→ pág. 10).

Letras minúsculas y mayúsculas

Las palabras pueden escribirse en minúsculas, con mayúscula inicial o completamente en mayúsculas. La letra base de la escritura ordinaria es la minúscula. Cuando la norma dicta el uso de la mayúscula, afecta solo a la letra inicial de la palabra o palabras implicadas: *Acaba de regresar de Santiago don Juan Martínez*. Solo excepcionalmente la escritura se realiza enteramente en mayúsculas (siglas, números romanos, textos o enunciados especiales...).

Características formales de las mayúsculas

- En las palabras que empiezan con un dígrafo (*ch, ll, gu* y *qu*), solo se debe poner en mayúscula, cuando corresponda, la primera de sus dos letras: *China, Llanes, Guevara, Química*.
- La *i* y la *j* mayúsculas no llevan punto (*Irene, Javier*), aunque no es censurable ponerlo sobre la I en la escritura a mano.

La tilde y la diéresis en las mayúsculas

- Como las minúsculas, las mayúsculas **deben llevar tilde** cuando la norma lo prescribe: *Ágata, VERÍDICA QUIMERA*. (Para siglas y acrónimos, → pág. 34).
- Igual que las minúsculas, llevan diéresis si es preciso: *ANTIGÜEDAD*.

Uso de las mayúsculas

La mayúscula inicial se emplea fundamentalmente por dos razones: por estar exigida por la **puntuación** o para señalar los **nombres propios**.

MAYÚSCULA CONDICIONADA POR LA PUNTUACIÓN

La puntuación exige mayúscula inicial en los siguientes casos:

- En la **primera palabra** de un escrito o **detrás de punto o de los puntos suspensivos** que cierran un enunciado:

  Muchos años después, frente al pelotón de fusilamiento... (G. GARCÍA MÁRQUEZ).
  —Me traicionaste... Me vendiste (J. VOLPI).

- En **frases interrogativas y exclamativas** pueden darse dos situaciones:

  – La interrogación o la exclamación afecta a **todo el enunciado**. En este caso, la primera palabra se escribe con mayúscula y también la que sigue al cierre de la interrogación o la exclamación:

    —¡Qué buen mozo es usted! Seguramente que no deben faltarle novias (R. ARLT).

  – La pregunta o la exclamación son solo **una parte de un enunciado.** En tal caso, si **inician** el enunciado, la primera palabra tras el signo de apertura correspondiente se escribe con mayúscula y la que sigue al signo de cierre, con minúscula: *¿Qué puedo hacer hoy por mis semejantes?, pregúntate todos los días.* Si **no dan comienzo** al enunciado, se escribe con minúscula la palabra que aparece tras el signo de apertura de la pregunta o la exclamación: *Si no vienes hoy, ¿qué piensas hacer?*

- **Después de dos puntos:**

  – En las **fórmulas** epistolares o jurídico-administrativas **de encabezamiento:**

    Apreciada señora:
    Usted no me conoce de nada y [...] (M. VÁZQUEZ MONTALBÁN).

  – En la **cita de palabras textuales:**

    El senador afirmó: «No defraudaremos a los electores».

  – Tras términos como ***advertencia, nota, ejemplo, posdata...*** o expresiones anunciativas como *a continuación* o *siguiente:*

    ADVERTENCIA: Medicamento no indicado para menores.
    La receta se elabora tal como se explica a continuación:
    Se baten los huevos y el azúcar hasta que liguen, y después se añade...

– **Tras** los dos puntos que siguen a verbos como *certificar, exponer, solici-tar...* (a veces escritos por completo en mayúsculas) en textos adminis-trativos o jurídicos:

CERTIFICA:
Que D.ª Celia Gracián ha trabajado para esta empresa tres años.

MAYÚSCULA EN NOMBRES PROPIOS Y EXPRESIONES DENOMINATIVAS EQUIVALENTES

Se escriben con mayúscula inicial:

• Los **nombres propios,** sean de personas, animales, planetas, signos del zodíaco, lugares, entidades..., así como los nombres de grandes periodos históricos y de acontecimientos relevantes con que se designan etapas históricas: *Irene; los Trastámara; Clarín; don Quijote; Platero; Marte; Tauro; Asia; Cartagena; el Instituto Cervantes; Real Club Atlético Boca Juniors; la Edad Media; la Gran Depresión.*

> Sin embargo, los sustantivos comunes, adjetivos y artículos que los acompañan se escriben con minúscula, a no ser que formen parte del nombre propio: *calle de Alcalá, el mar Cantábrico, la cordillera de los Andes, la Amazonia* frente a *Cabo Verde, Sierra Nevada, el Camino de Santiago, La Habana.*

• La primera palabra del **título de una obra** (*Los detectives salvajes, Gramática de la lengua española*) y los nombres propios que incluya (*La familia de León Roch*).

• La primera palabra y los sustantivos y adjetivos que aparecen en el **nombre de publicaciones periódicas o colecciones** (*La Vanguardia, Biblioteca Breve*), así como de **leyes y documentos oficiales o históricos** (*Código Civil, Convención de Ginebra*).

• Los sustantivos y adjetivos que forman parte de las denominaciones de **estudios, asignaturas y materias regladas** (*Sintaxis, Ciencias Sociales, Filología*), así como la referencia al nombre oficial de **cada etapa o ciclo educativo** (*Educación Secundaria Obligatoria*).

OTROS USOS DE LAS MAYÚSCULAS

Además de los anteriores, existen estos otros usos de las mayúsculas:

Uso de mayúsculas para favorecer la legibilidad

Para resaltar palabras o frases enteras de un escrito, se usan normalmente las mayúsculas en los siguientes casos:

- En las **cubiertas y portadas** de los libros y documentos, así como en sus subdivisiones internas:

    MIGUEL DE CERVANTES
    EL LICENCIADO VIDRIERA

- En las **cabeceras** de los diarios y revistas:

    EL PAÍS, INTERVIÚ, TIEMPO.

- En **carteles de aviso y pancartas:**

    SOLO MOTOS; NO A LA GUERRA.

- En **textos de carácter informativo**, para resaltar su parte más importante:

    50 % de descuento SOLO ESTA SEMANA

- En los términos *aviso, nota, posdata*..., o sus abreviaturas:

    AVISO: No se recogerá la basura antes de las 20:00 h.

- En los términos que presentan la **idea fundamental** de **textos jurídicos y administrativos** (*CERTIFICA, EXPONE, SOLICITA, CONSIDERANDO...*) o las partes que se citan como **intervinientes** en ellos (*DEMANDANTE, ARRENDATARIO...*):

    Consecuentemente emitimos el parecer que conviene pronunciar NO HA LUGAR en favor de... (M. D. Benavides).

- En la escritura de **números romanos**: *Alfonso XII, siglo XXI, CANTO VI, CAPÍTULO III, Sala LII, página CIII.* Como se ve, deben utilizarse versalitas si modifican a un término en minúsculas.

Uso de mayúsculas en siglas y acrónimos

Las mayúsculas se utilizan para **formar siglas** (palabras creadas a partir de las letras iniciales de otras que integran una expresión compleja) **y acrónimos** (siglas con una grafía pronunciable como palabra). Gracias a ello se distinguen claramente del léxico común: *ave/AVE*. Las siglas cuya grafía no permite la lectura secuencial se escriben obligatoriamente en mayúscula (*FBI, DDT*); mientras que los acrónimos (*ONU, UNESCO*) pueden acabar convertidos en nombres propios y escribirse solo con mayúscula inicial (*Unicef, Renfe*), o en nombres comunes y escribirse entonces con minúscula (*una mir, el láser*).

Con todo, es hoy bastante habitual mantener en minúscula las letras no iniciales y los conectores de las siglas y acrónimos (*UdelaR* [Universidad *de* la República]; *JpD* [Jueces para la Democracia]; *AEMet* [Agencia Estatal de Meteorología].

Casos en que no debe usarse la mayúscula

Por no ser nombres propios, deben escribirse con **minúscula**:

- Los **tratamientos** que preceden al nombre propio (*don, doña, fray, sor, santo*) y los que se usan o pueden usarse sin él (*usted, señor/a, licenciado/a, doctor/a, excelencia, su señoría*); solo es obligatoria la mayúscula inicial en sus abreviaturas (*Sr., Ud., Dra.*). Las **fórmulas honoríficas** de las más altas dignidades se escriben también con minúscula inicial (*su santidad Francisco*), aunque se acepta la mayúscula si no figura el nombre propio correspondiente: *Su Santidad aterriza hoy en Londres.*

- Los sustantivos que designan **títulos**, dignidades, cargos y profesiones de cualquier tipo: *El rey reina, pero no gobierna; Su hija es ingeniera.*

- Los sustantivos o adjetivos **de nacionalidad o procedencia geográfica y de pueblos o etnias**: *los aztecas, la cultura mochica, los maoríes.*

- Los nombres de las **lenguas**: *español, inglés, chino.*

- Los **nombres españoles de animales y plantas** (*clavellinas, gato*) y las distintas **razas de animales** (*galgo, chihuahua, gato siamés*).

- Los nombres de los **puntos cardinales**: *el oeste, el sudeste.*

- Los nombres de **los hemisferios y las líneas imaginarias** (*hemisferio sur, trópico de Cáncer*) y **los polos geográficos** (*polo norte, polo sur*), salvo cuando funcionan como topónimos referidos a un área geográfica (*Ártico* o *Polo Norte, Antártida* o *Polo Sur*).

- Los nombres de **los vientos**: *el austro, el bóreas, el levante.*

- Los nombres de **los días de la semana, los meses y las estaciones**: *jueves, junio, primavera.*

- Los nombres de las **notas musicales**: *fa, sol, re.*

- Los nombres de los **elementos químicos** (*aluminio, sodio*) y de las **unidades de medida** (*metro, julio*).

- Los nombres de las **enfermedades y los medicamentos** (*sida, hepatitis; paracetamol, penicilina*), aunque las marcas comerciales se escriben con mayúscula (*Nolotil, Clamoxyl*).

- Los nombres de las **monedas**: *quetzales, euro, soles.*

- Las **formas de Estado y de gobierno** (*las repúblicas bálticas, la monarquía parlamentaria*), así como los **poderes del Estado** (*Debe haber separación clara entre el poder legislativo y el poder ejecutivo*).

- Los **movimientos o tendencias políticas o ideológicas**: *anarquismo, liberalismo.*

- Las **disciplinas científicas y las diversas ramas del conocimiento**: *La sintaxis es una parte de la gramática.*
- La referencia genérica a las **etapas** o **ciclos educativos**: *licenciatura, doctorado, educación secundaria.*
- Las **leyes, teorías y principios científicos**: *ley de Ohm, teoría de juegos.*
- Los nombres de las **escuelas y corrientes** de las distintas disciplinas (*darwinismo, surrealismo*), así como los de **estilos, movimientos y géneros artísticos** (*poesía cancioneril, cine negro*).
- Las **religiones y conceptos religiosos** (*catolicismo; misa, cielo*), los **episodios religiosos** (*la crucifixión*) y los **nombres de oraciones** (*la salve*).

Cuando un nombre propio (*don Juan, la Celestina, la Rioja, Aries*) se convierte en nombre común o es utilizado como tal, se escribe con minúscula (*un donjuán, una celestina, un rioja, los aries*).

Uso de la mayúscula en publicidad, diseño gráfico y en las nuevas tecnologías

Tanto en publicidad y diseño gráfico como en la creación de nombres comerciales, el uso de la mayúscula o la minúscula no indicado por las normas es un recurso habitual para captar la atención. Así, pueden encontrarse nombres comerciales con mayúsculas intercaladas (*iBanesto, BlackBerry*) o logotipos en los que el nombre comercial aparece en minúsculas (*adidas, renfe*).

Se trata de recursos válidos en estos ámbitos, pero no deben extenderse al uso general. Por ello, se recomienda acomodar estas denominaciones a las normas generales cuando se usen en el interior de los textos: *Lanzan unas nuevas zapatillas de Adidas.*

Aunque en los *sms*, en los *chats...*, se relaja la ortografía y a menudo no se utilizan las mayúsculas, en otras comunicaciones electrónicas más formales —como el correo—, deben respetarse las normas ortográficas también en lo que concierne a las mayúsculas.

Unión y separación de palabras y otros elementos

5

Unión y separación de elementos en la escritura

COMPUESTOS UNIVERBALES Y PLURIVERBALES

En español, existen expresiones complejas integradas por varias palabras. Su escritura a veces plantea problemas, pues pueden aparecer juntas, unidas por guion o de manera independiente, según su grado de cohesión acentual y morfológica (→ pág. 33). Así:

• Los **compuestos univerbales** son aquellos cuyos componentes forman **una sola palabra gráfica con un único acento prosódico**. Su género y su número se manifiestan solo en el segundo componente: *agriDULCe, coliFLOR, peliRROjas, vaivEnes*.

• Los **compuestos pluriverbales** son aquellos cuyos componentes mantienen su independencia gráfica y acentual, aunque presentan un significado unitario. Sus marcas de plural se manifiestan en los dos componentes cuando se suman **un sustantivo y un adjetivo** (*piel/es roja/s, llave/s inglesa/s*) o solo en el primero de ellos si se trata de la suma de **dos sustantivos** (*año/s luz,* hombre/s rana).

Algunos compuestos pluriverbales pueden ir adquiriendo una mayor cohesión prosódica y morfológica hasta presentar un único acento y manifestar el género y el número solo en el segundo constituyente, momento en el que pasan a escribirse también en una sola palabra (*GUARdias civiles* > *guardiaciviles; PAVOS reAles* > *pavorreAles*). Este proceso se observa también en expresiones pluriverbales formadas por dos sustantivos unidos por preposición: *HOja de LAta* > *hojaLAta, TElas de aRAña* > *telaRAñas*.

- Las **expresiones complejas formadas por varias palabras unidas con guion** conservan generalmente la acentuación prosódica y siempre la acentuación gráfica de cada uno de sus componentes. Hay que tener en cuenta que, si se unen dos adjetivos, las marcas de género y número se manifiestan solo en el último componente, mientras que, si se trata de dos sustantivos, cada uno de ellos presenta marca de género y número: [clases] *teórico-PRÁCticas, direcTOra-presentaDOra* (→ pág. 47).

  Estos compuestos pueden llegar a adquirir también una cohesión total, a menudo con el primer elemento ligeramente modificado; se escriben, entonces, en una sola palabra, con un único acento y marcas morfológicas solo en el último componente: *espaciotempoRAles, lectoescriTUra*.

- Los componentes de los **nombres propios compuestos** pueden aparecer separados (*José María, María Ángeles, Costa Rica*) o fusionados gráficamente, por preferencia de los hablantes (*Josemaría, Juampedro, Mariángeles*) o por razones históricas (*Casablanca, Montenegro*).

PALABRAS CON PREFIJO

Los **prefijos** deben aparecer unidos a la base cuando esta es una sola palabra (*antirrobo, exmarido, viceministra*), incluso cuando se trata de varios prefijos seguidos (*antiantisemita, exvicepresidente, cuasiposmoderna*). Sin embargo, si la base está formada por varias palabras, los prefijos deben escribirse separados (*pro derechos humanos; ex vice primer ministro*). Para las excepciones a lo anterior, → pág. 47.

....

Las contracciones *al* y *del*

En español, las preposiciones *a* y *de* seguidas por el artículo *el* producen de forma obligatoria las contracciones *al* (< *a* + *el*) y *del* (< *de* + *el*): *¿Has visto al conserje?; Viene del cine*.

Excepción: Si el artículo *el* forma parte de un nombre propio y se escribe, por ello, con mayúscula inicial, no se produce la contracción *al* o *del* en la escritura:

  Nunca he ido a El Cairo.

  He tomado este fragmento de El amor en los tiempos del cólera.

Secuencias problemáticas que se escriben en una o en varias palabras

Casos especialmente problemáticos			
asimismo	'también': *Dele las gracias y dígale asimismo que vuelva.*	*así mismo*	'de ese mismo modo': *Ya me está hartando: así mismo se lo diré.*
conque	conjunción ilativa ('así que, de modo que'): *Esta es nuestra última oportunidad, conque aprovechémosla.* *¿Conque esas tenemos?*	*con que*	preposición + conjunción: *Basta con que haya tres.* prep. + pronombre relativo (= *con el/la/los/las que*): *La pieza con que nos amenizó era de Chopin.*
porque	conjunción causal: *Suspendes porque no estudias.* *Estuvo aquí, porque se ven sus huellas.* conjunción final: *Rogué porque se salvase.*	*por que*	preposición de régimen + conjunción: *Voto por que lo haga él.* preposición + relativo (= *por el/la/los/las que*): *El traje por que suspiraba era muy caro.*
porqué	sustantivo ('causa, razón o motivo'): *El cómo y el porqué de aquello eran evidentes.* sustantivo ('pregunta'): *Respondió a sus porqués.*	*por qué*	preposición + interrogativo: *¿Por qué lo hizo?* *Quería saber por qué.*
sino	sustantivo ('fatalidad o destino'; tónico y pronunciado [síno]): *Morir joven era su sino.* conjunción adversativa (sin acento prosódico): *No bebe agua, sino leche.* *Aquello no era sino el resultado de su torpeza.* *¿Qué hizo sino esperar?*	*si no*	conjunción + adverbio de negación (tónico, en secuencia pronunciada [sinó]): *Si no lo encuentras, dímelo.* *El dato, si no exacto, parece bastante ajustado.* *No sé si no estará roto.* *Vengo a ver a María. ¿A quién si no?*

Tabla de numerales

Las principales dificultades que se pueden plantear, a la hora de escribir en letras los numerales[1], son las siguientes:

Cardinales	Ordinales	Fraccionarios	Romanos
0 cero			
1 uno	1.º primero		I
2 dos	2.º segundo	1/2 medio, mitad	II
3 tres	3.º tercero	1/3 tercio	III
4 cuatro	4.º cuarto	1/4 cuarto	IV
5 cinco	5.º quinto	1/5 quinto	V
6 seis	6.º sexto	1/6 sexto	VI
7 siete	7.º séptimo	1/7 séptimo	VII
8 ocho	8.º octavo	1/8 octavo	VIII
9 nueve	9.º noveno o nono (raro)	1/9 noveno	IX
10 diez	10.º décimo	1/10 décimo	X
11 once	11.º undécimo, decimoprimero o décimo primero	1/11 onceavo o undécimo	XI
12 doce	12.º duodécimo, decimosegundo o décimo segundo	1/12 doceavo o duodécimo	XII
13 trece	13.º decimotercero o décimo tercero	1/13 treceavo	XIII
14 catorce	14º decimocuarto	1714 catorceavo	XIV
15 quince	15º decimoquinto	1/15 quinceavo	XV
16 dieciséis	16.º decimosexto	1/16 dieciseisavo	XVI
17 diecisiete	17º decimoséptimo	1/17 diecisieteavo	XVII
18 dieciocho	18º decimoctavo	1/18 dieciochoavo	XVIII
19 diecinueve	19.º decimonoveno o decimonono	1/19 diecinueveavo	XIX

---

[1] NOTA: Junto a los numerales cardinales, ordinales y fraccionarios —o partitivos—, recogidos en la tabla, existen unos pocos **numerales multiplicativos**, que son los que expresan el resultado de una multiplicación. Los más usuales de entre ellos son: **2** *doble* o *duplo/a;* **3** *triple* o *triplo/a;* **4** *cuádruple* o *cuádruplo/a;* **5** *quíntuple* o *quíntuplo/a;* **6** *séxtuple* o *séxtuplo/a;* **7** *séptuple* o *séptuplo/a;* **8** *óctuple* u *óctuplo/a;* **9** *núnoplo/a* y **10** *décuplo/a* y **100** *céntuplo/a.*

Apéndice I. Tabla de numerales

Cardinales	Ordinales	Fraccionarios	Romanos
20 veinte	20.º vigésimo	1/20 veinteavo o vigésimo	XX
21 ventiuno, veintiún	21.º vigésimo primero	1/21 veintiunavo	XXI
30 treinta	30.º trigésimo	1/30 treintavo o trigésimo	XXX
31 treinta y uno	31.º trigésimo primero	1/31 treintaiunavo	XXXI
40 cuarenta	40.º cuadragésimo	1/40 cuarentavo	XL
41 cuarenta y uno	41.º cuadragésimo primero	1/41 cuarentaiunavo	XLI
50 cincuenta	50.º quincuagésimo	1/50 cincuentavo	L
60 sesenta	60.º sexagésimo	1/60 sesentavo	LX
70 setenta	70.º septuagésimo	1/70 setentavo	LXX
80 ochenta	80.º octogésimo	1/80 ochentavo	LXXX
90 noventa	90.º nonagésimo	1/90 noventavo	XC
100 cien(to)	100.º centésimo	1/100 centésima	C
101 ciento uno	101.º centésimo primero		CI
200 doscientos	200.º ducentésimo		CC
300 trescientos	300.º tricentésimo		CCC
400 cuatrocientos	400.º cuadringentésimo		CD
500 quinientos	500.º quingentésimo		D
600 seiscientos	600.º sexcentésimo		DC
700 setecientos	700.º septingentésimo		DCC
800 ochocientos	800.º octingentésimo		DCCC
900 novecientos	900.º noningentésimo		CM
1000 mil	1000.º milésimo	1/1000 milésima	M
1001 mil uno	1001.º milésimo primero		MI
2000 dos mil	2000.º dosmilésimo	1/2000 dosmilésima	MM
10 000 diez mil	10 000.º diezmilésimo	1/10 000 diezmilésima	
10 001 diez mil uno	10 001.º diezmilésimo primero		
100 000 cien mil	100 000.º cienmilésimo	1/100 000 cienmilésima	
100 001 cien mil uno	100 001.º cienmilésimo primero		
1 000 000 un millón	1 000 000.º millonésimo	1/1 000 000 millonésima	
1 000 000 000 mil millones o un millardo	1 000 000 000.º milmillonésimo		
1 000 000 000 000 un billón	billonésimo		

No se incluyen en esta tabla las variantes flexivas de ordinales (*primero/a/os/as, segundo/a/os/as,* etc.) y algunos cardinales (*uno/a; veintiuno/a, treintauno/a,* etc.; *doscientos/as, trescientos/as,* etc.), las formas apocopadas de ciertos ordinales (*primer, tercer,* etc.), ni las formas adjetivas de los fraccionarios seguidas del sustantivo *parte* (*la primera/segunda/tercera,* etc., *parte*).

Principales abreviaturas y símbolos no alfabetizables

En la siguiente lista, se presentan las abreviaturas más frecuentes en español. En ellas se colocan entre paréntesis las variaciones de género, cuando las hay, y no se registran las formas de plural, salvo si son irregulares. Cuando una misma abreviatura tiene varios valores, se separan por medio del signo ||.

Se da cuenta, después, de una pequeña serie de símbolos internacionales no técnicos usados también para abreviar la presentación de informaciones que harían más compleja y larga su escritura.

....

Principales abreviaturas utilizadas en español

aa. vv., AA. VV.	autores varios	col.	colección || colonia ('barrio') [Méx.] || columna
a. (J.) C.	antes de Cristo o Jesucristo	Col.	colegio
a. m.	*ante meridiem* ('antes del mediodía')	com.ón	comisión
		conf.; confr.	confróntese (→ *cf.*)
admón.	administración	coop.	cooperativa
apdo.	apartado	coord.(ª)	coordinador/a
art.; art.º	artículo	C. P.	código postal
Asoc.	Asociación	cra.	carrera ('vía urbana')
A. T.	Antiguo Testamento	ctra	carretera
atte.	atentamente	D.(ª); Dña.	don; doña
av.; avd.; avda.	avenida	d. (J.) C.	después de Cristo o Jesucristo
Ayto.	ayuntamiento		
Bibl.	biblioteca	dcho/a.	derecho/a
blvr.	bulevar	del.	delegación
Bo.; B.º	barrio	D. E. P.	descanse en paz
c.; c/; cl.	calle	depto.; dpto	departamento
c.; cap.; cap.º	capítulo	D. F.	Distrito Federal
C.ª; Cía.; C.ía	compañía	diag.	diagonal ('vía urbana') [Arg.]
Cap. Fed.; C.F.	capital federal		
c/c; cta. cte.	cuenta corriente	dicc.	diccionario
Cdad.	ciudad	dir.	dirección
C. A.	compañía anónima || comunidad autónoma	Dir.(ª)	director/a
		D. L.	depósito legal
cf.; cfr.	*confer* ('véase, compárese') (→ *conf.*)	doc.	documento
		D. P.	distrito postal
cód.	código	Dr.(a)	doctor/a

dupdo/a.	duplicado/a	mín.	mínimo
ed.	edición || editorial (*también* edit.) || editor/a	ms. (*pl.* mss.)	manuscrito
		n.	nota || nacido || nacimiento
edit.	editorial (*también* ed.)		
edo.	estado ('división territorial')	nal.	nacional
		N. del (de la) A.	nota del (de la) autor/a
ej.	ejemplo || ejemplar	N. del (de la) T.	nota del (de la) traductor/a
E. S.	estación de servicio [Esp.]		
esq.	esquina	n.º; nro.; núm.	número
et al.	*et alii* ('y otros')	N. T.	Nuevo Testamento
etc.	etcétera	ntro/a.	nuestro/a
Exc.ª	excelencia	ob. cit.; *op. cit.*	obra citada
Excmo/a.	excelentísimo/a	op.	*opus* ('obra')
f.; f.º; fol.	folio	p.; pg.; pág.	página
facs.	facsímil	P.	papa || padre ('tratamiento religioso')
fasc.	fascículo		
f. c. (*pl.* ff. cc.)	ferrocarril	párr.	párrafo
F. C.	fútbol club	*pass.*	*passim* ('en varios lugares')
fca.	fábrica	Pat.	patente
Fdo.	firmado	P. D.	posdata
FF. AA.	Fuerzas Armadas	pdo.	pasado
fig.	figura || figurado	p. ej.	por ejemplo
Fr.	fray || frey	Pdte/a.	presidente/a
Gob.	gobierno	p. k.	punto kilométrico
g. p.; g/p	giro postal	pl.; plza.; pza.	plaza
gr.	gramo	plta.	planta
gral.	general	*p. m.*	*post meridiem* ('después del mediodía')
gta.	glorieta		
h.	hoja || hacia	P. M.	policía militar
hab.	habitante || habitación	p. o.; P. O.; p/o	por orden
ib.; ibid.	*ibidem* ('en el mismo lugar')	p.º	paseo
		ppal.; pral.	principal
id.	*idem* ('el mismo, lo mismo')	Prof., Prof.ª	profesor/a
		p. pdo.	próximo pasado [Am.]
Ilmo/a.	ilustrísimo/a	pról.	prólogo
impr.	imprenta || impreso	prov.	provincia
impto.; imp.to	impuesto	*P. S.*	*post scriptum* ('posdata')
Inst.	instituto	P. V. P.	precio de venta al público
izdo/a.; izq.; izqdo/a.	izquierdo/a	reg.	registro
		Rep.	república
JJ. OO.	Juegos Olímpicos	Rh	*rhesus* (factor sanguíneo)
lám.	lámina	*R. I. P.*	*requiescat in pace* ('descanse en paz')
l. c.; loc. cit.	*loco citato* ('en el lugar citado')		
		r. p. m.	revoluciones por minuto
Lcdo/a.; Ldo/a.	Licenciado/a	RR. HH.	recursos humanos
Lic.		Rte.	remitente
Magfco/a.	magnífico/a	s.	siglo || siguiente [*tb.* sig.]
manz.; mz.	manzana ('espacio urbano')	s. a.; s/a	sin año (de impresión o edición)
máx.	máximo		

S.ª   señoría || señora [*tb.* Sra., Sr.ª]

S. A.   sociedad anónima || su alteza

S. A. R.   su alteza real

s/c   su cuenta

s. d.   *sine data* ('sin fecha')

Sdad.; Soc.   sociedad

s. e.; s/e   sin [indicación de] editorial

S. E.   su excelencia

s. f.; s/f   sin fecha

s. l.   sin [indicación de] lugar

S. L.; Sdad. Ltda.   sociedad limitada

S. M.   Su Majestad

s. n.; s/n   sin número (en una vía pública)

s. n. m.   sobre el nivel del mar

S. P.   servicio público

Sr/a., Sr.ª, S.ª   señor/a

Srta.   señorita

S. S.   su santidad || su señoría

supl.   suplemento

s. v.; s/v   *sub voce* ('bajo la palabra' [en dicc. y encicl.])

t.   tomo

T.   tara

tel.; tel(é)f.; tfno.   teléfono

tít.   título

trad.   traducción || traductor/a

tte.   transporte

ud.   unidad [*pl.* uds.]

U.; Ud.   usted [*pl.* Uds.]

Univ.   universidad

urb.   urbanización

v.   véa(n)se || verso

vcto.   vencimiento

Vdo/a   viudo/a

V. E.   vuestra excelencia

v. g.; v. gr.   *verbi gratia* ('por ejemplo')

V. I.   vuestra ilustrísima, usía ilustrísima

vid.   *vide* ('mira')

V. M.   vuestra majestad

V. O. (S.)   versión original (subtitulada)

V.º B.º   visto bueno

vol.   volumen

vs.   *versus* (ingl.: 'contra')

V. S.   vuestra señoría

vv. aa.; VV. AA.   varios autores

y cols.   y colaboradores (cf. *et al.*)

··

Principales símbolos no alfabetizables

@   *arroba* (para direcciones de correo electrónico)

©   *copyright* ('derechos de autor')

®   marca registrada

™   *trademark* (*ingl.:* 'nombre comercial')

§   párrafo

&   *et* (lat.), 'y'

número [Am.]

%   por ciento

‰   por mil

*   expresión agramatical (*Ling.*) || forma hipotética (*Filol.*)

<   menor que (*Mat.*) || procede de (*Filol.*)

>   mayor que (*Mat.*) || pasa a (*Filol.*)